2019년 11월 20일 1판 1쇄 **인쇄**
2019년 11월 25일 1판 1쇄 **펴냄**

펴낸곳 (주)효리원
펴낸이 윤종근
글쓴이 이민교 · **그린이** 오렌지툰
등록 1990년 12월 20일 · **번호** 2-1108
우편 번호 03147
주소 서울시 종로구 삼일대로 457, 1206호
대표 전화 02)3675-5222 · **편집부** 02)3675-5225
팩시밀리 02)765-5222

ⓒ 2017 · 2019, (주)효리원

잘못 만들어진 책은 구입하신 서점에서 바꾸어 드립니다.
ISBN 978-89-281-0650-9 74810
홈페이지 www.hyoreewon.com

반려동물 기르기

이민교 글 오렌지툰 그림

반려동물을 사랑하는 모든 소녀에게

사람들은 아주 오래전부터 반려동물을 기르면서 마음의 안정과 기쁨을 얻었어. 예전에는 주로 개, 고양이, 새, 금붕어 등을 키웠지만 요즘은 그 종류가 무척 다양해지고 키우는 사람들도 점점 늘어나고 있어. 하지만 그만큼 버려지거나, 좋지 않은 환경에서 고통스럽게 사는 동물들도 많아.

왜 그럴까?

귀엽고 작은 모습 때문에 혹은 필요에 의해서 제대로 된 이해도 없이 덜컥 데려오는 경우가 많기 때문이야.

동물을 키우는 것은 생명을 책임지는 일이야. 매일 먹을 것을 주고, 안락한 집을 만들어 주고, 화장실을 깨끗하게 해 주고, 몸을 씻겨 주고, 아플 때는 보살펴 주기도 해야 돼. 우리가 매일 먹고 씻고 자고 친구들과 놀고 아플 때 병간호를 받는 것처럼 말야. 키우는 즐거움도 있지만 힘든 점도 분명히 있어.

그래서 반려동물은 참을성과 끈기가 필요한 아기 같기도 하고, 함께 놀아주기를 원하는 친구 같기도 하며, 마음을 따뜻하게 해 주는 가족 같기도 해.

얼굴도 마음도 예쁜 소녀들아, 누군가와 친해진다는 건 그 사람에 대해서 잘 알아가는 거야. 동물과 친해지는 것도 마찬가지야. 무엇을 먹여야 하는지, 잠자리는 어떻게 꾸미는지, 무엇을 좋아하고 무엇을 싫어하는지를 알아야 해. 우리가 무심코 하는 행동이 동물들에게 큰 영향을 끼치기도 한다는 것도 잊지 말고.

참, 빨리 친해지지 않는다고 조급해 하거나 관심을 잃어버리는 친구들은 없겠지? 사람이나 동물이나 마음을 여는 게 쉬운 일은 아니거든.

러블리 걸들아, 이 책을 읽고 사랑하는 동물들과 오랫동안 행복하고 좋은 시간을 보내길 바랄게.

자, 마음의 준비가 되었니? 조금 특별하지만 변함없이 다정한 친구들을 만나러 갈 시간이야!

글쓴이 이민고

차례

등장인물 소개 ····················· 10
소중한 반려동물, 정다운 내 친구들! ············· 12

사람의 가장 오랜 친구, 개

- 어떤 강아지를 키울까? ················· 16
- 강아지를 키우려면 무엇이 필요할까? ············ 18
- 강아지랑 어떻게 친해질까? ··············· 20
- 강아지는 지금 어떤 기분일까? ············· 22
- 강아지랑 나랑 함께 먹는 간식 만들기 ············ 24
- 초간단! 수면양말로 강아지 옷 만들기 ············ 25

꼬리는 살랑살랑~ 발은 사뿐사뿐, 고양이

- 어떤 고양이를 키울까? ················ 28
- 고양이를 키우려면 무엇이 필요할까? ············ 30
- 고양이랑 어떻게 친해질까? ··············· 32
- 고양이는 지금 어떤 기분일까? ············· 34
- 고양이 간식 만들기 ················· 36
- 요리조리 공놀이 장난감 만들기 ·············· 37

쳇바퀴를 빙글빙글~ 햄스터

- 어떤 햄스터를 키울까? ················ 40
- 햄스터 집 예쁘게 꾸미기 ··············· 42
- 초롱초롱 햄스터 건강하게 키우기 ············· 44
- 햄스터랑 어떻게 친해질까? ··············· 45
- 햄스터는 지금 어떤 기분일까? ············· 46
- 햄스터 장난감과 간식 만들기 ·············· 48

두 귀가 쫑긋쫑긋, 토끼

- 어떤 토끼를 키울까? ················· 52
- 토끼를 키우려면 무엇이 필요할까? ············· 54

- 토끼는 지금 어떤 기분일까? ··················· 56
- 토끼랑 어떻게 친해질까? ··················· 58
- 오물오물~ 토끼는 뭘 먹을까? ··················· 60

가시가 삐죽삐죽, 고슴도치

- 어떤 고슴도치를 키울까? ··················· 64
- 고슴도치 집 예쁘게 꾸미기 ··················· 66
- 따끔따끔 고슴도치 건강하게 키우기 ··················· 68
- 찹찹찹찹~ 고슴도치는 뭘 먹을까? ··················· 69
- 고슴도치는 지금 어떤 기분일까? ··················· 70
- 반짝반짝~ 고슴도치 목욕시키기 ··················· 71

두 볼에 도토리가 쏘옥, 다람쥐

- 줄무늬 다람쥐와 친구들 ··················· 74
- 다람쥐 집 예쁘게 꾸미기 ··················· 76
- 쪼르르~ 쪼르르~ 다람쥐 건강하게 키우기 ··················· 78
- 다람쥐랑 어떻게 친해질까? ··················· 79
- 다람쥐의 겨울나기 ··················· 80
- 다람쥐는 뭘 먹을까? ··················· 81

주인을 잘 따르는 애교쟁이, 미니 돼지

- 어떤 미니 돼지를 키울까? ··················· 84
- 미니 돼지를 키우려면 무엇이 필요할까? ··················· 85
- 꿀꿀~ 미니 돼지 건강하게 키우기 ··················· 86
- 미니 돼지랑 어떻게 친해질까? ··················· 87
- 미니 돼지 관찰 일기 ··················· 88

내 말을 따라해, 앵무새

- 어떤 앵무새를 키울까? ··················· 92
- 앵무새 집 예쁘게 꾸미기 ··················· 94
- 앵무새랑 어떻게 친해질까? ··················· 95
- 앵무새 건강하게 키우기 ··················· 96

- 앵무새야, 내 말 따라해 봐! ················· 97
- 앵무새 장난감 만들기 ····················· 98

노란 솜털 삐악삐악, 병아리
- 어떤 종류의 닭이 있어요? ················· 102
- 병아리 집 예쁘게 꾸미기 ··················· 104
- 뽀송뽀송 병아리 건강하게 키우기 ············ 106
- 콕콕콕~ 병아리는 뭘 먹을까? ··············· 107
- 병아리 관찰 일기 ························· 108

엉금엉금 느릿느릿, 거북
- 어떤 거북을 키울까? ····················· 112
- 거북 집 예쁘게 꾸미기 ···················· 114
- 우적우적~ 거북은 뭘 먹을까? ··············· 116
- 거북 관찰 일기 ·························· 117

긴 꼬리를 휘익~, 그린이구아나
- 그린이구아나와 친구들 ···················· 120
- 그린이구아나 집 예쁘게 꾸미기 ·············· 122
- 그린이구아나는 뭘 먹을까? ················· 124
- 그린이구아나 관찰 일기 ··················· 125

레오파드 게코 도마뱀
- 레오파드게코도마뱀의 종류는 다양해! ········ 128
- 레오파드게코도마뱀의 집 예쁘게 꾸미기 ······ 130
- 레오파드게코도마뱀 건강하게 기르기 ········· 132
- 레오파드게코도마뱀 관찰 일기 ·············· 133

입은 뻐끔뻐끔 눈은 끔뻑끔뻑, 금붕어
- 어떤 금붕어를 키울까? ···················· 136
- 금붕어 어항 예쁘게 꾸미기 ················· 138

- 빵긋빵긋~ 금붕어 건강하게 키우기 ·········· 140
- 금붕어 관찰 일기 ·········· 141

알록달록~ 물속 요정, 구피
- 어떤 구피를 키울까? ·········· 144
- 구피 어항 예쁘게 꾸미기 ·········· 146
- 구피의 산란 ·········· 147
- 씽씽쌩쌩~ 구피 건강하게 키우기 ·········· 148
- 구피 관찰 일기 ·········· 149

긴 뿔이 울끈불끈, 장수풍뎅이
- 어떤 장수풍뎅이를 키울까? ·········· 152
- 장수풍뎅이 집 예쁘게 꾸미기 ·········· 154
- 으샤으샤~ 장수풍뎅이 건강하게 키우기 ·········· 156
- 장수풍뎅이 관찰 일기 ·········· 157

고둥 껍데기를 으랏차차, 소라게
- 어떤 소라게를 키울까? ·········· 160
- 소라게 집 예쁘게 꾸미기 ·········· 162
- 올망졸망~ 소라게 건강하게 키우기 ·········· 164
- 소라게 관찰 일기 ·········· 165

껍데기는 둥글둥글 몸은 꼬물꼬물, 달팽이
- 어떤 달팽이를 키울까? ·········· 168
- 달팽이는 뭘 먹을까? ·········· 169
- 달팽이 집 예쁘게 꾸미기 ·········· 170
- 영차영차~ 달팽이 건강하게 키우기 ·········· 172
- 달팽이 관찰 일기 ·········· 173

이런 반려동물도 있어!
우파루파, 사막여우, 라쿤, 친칠라, 프레리도그, 페럿, 기니피그

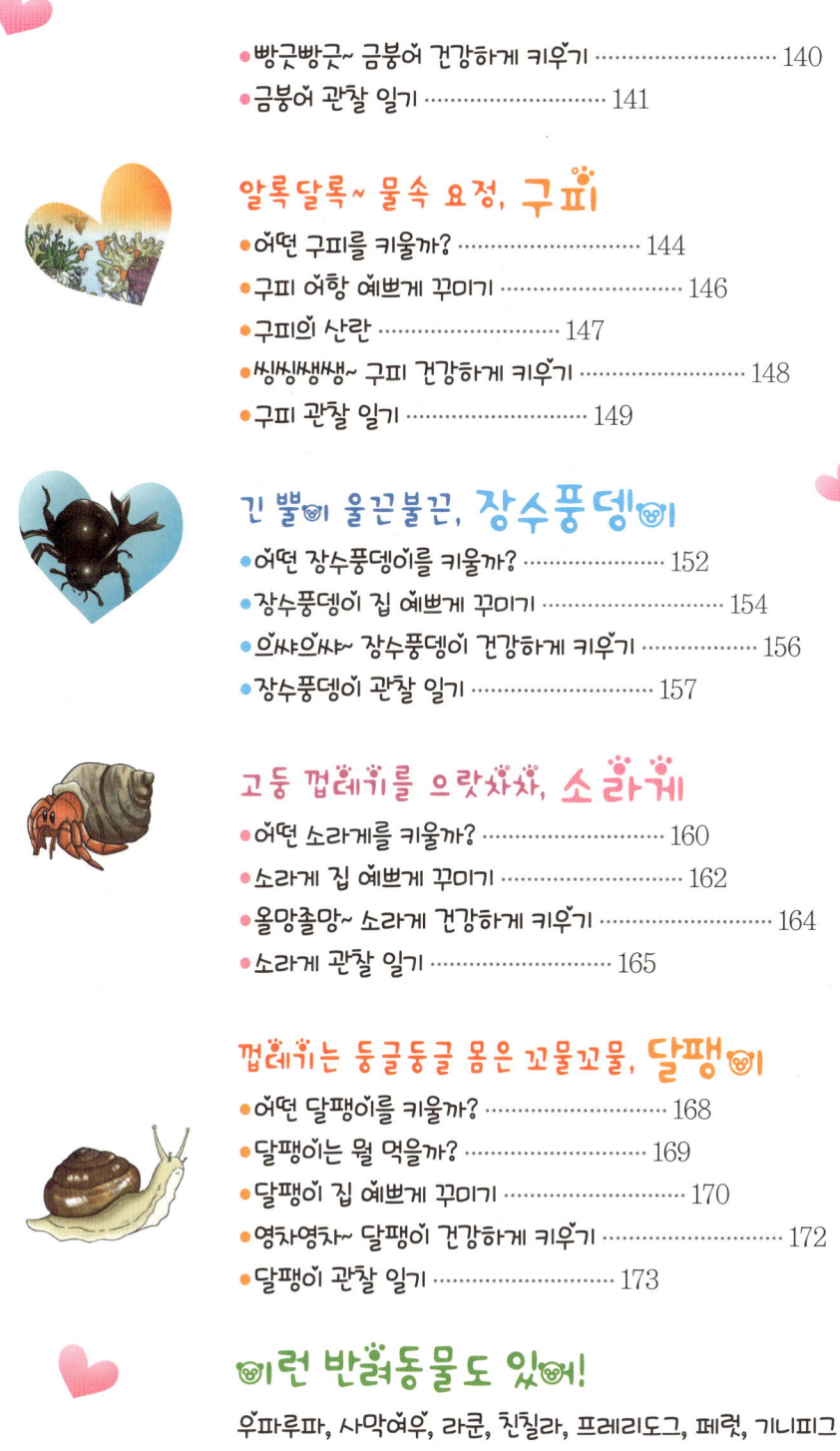

등장인물 소개

안녕, 나는 펫걸 지니라고 해.
반려동물을 기르고 싶다고?
우리 가게에는 귀엽고 사랑스러운 동물들이
많아. 그런데 동물들이 아프거나 늙어도
끝까지 키울 수 있는지 생각해 봤니? 반려동물은
싫증나면 버리는 장난감이 아니거든. 반려동물은
기쁨, 행복, 즐거움 같은 감정뿐만 아니라
슬픔, 괴로움, 두려움과 같은 다양한 감정을 지닌
소중한 생명체야. 그러니 반려동물을 키우기로
마음먹었으면, 처음의 사랑하는 마음 그대로 끝까지
보살필 각오가 돼 있어야 한단다. 너희들,
그러겠다고 약속할 수 있지? 자, 손도장 꾹~
찍고 약속! 그럼, 이제부터 우리 가게를
구경시켜 줄게. 출발~!

소중한 반려동물 정다운 내 친구들!

짜잔~!
우리 가게 동물들을 소개할게.
강아지, 고양이, 토끼, 고슴도치,
기니피그, 햄스터, 다람쥐,
미니 돼지, 앵무새,
병아리, 거북,
레오파드게코도마뱀,
그린이구아나, 금붕어, 구피,
소라게, 장수풍뎅이, 달팽이야.
이렇게 많은 줄 몰랐다고? 호호호!
한 친구씩 소개해 줄 테니까
어떤 친구에게 새로운 가족이
되어 줄지 잘 생각해 보렴!

사람의 가장 오랜 친구, 개

수레나 썰매를 끌기도 하지.

달려! 달려!

여기로 가야 안전해요

또 있어요! 앞이 안 보이는 사람에게 길을 안내해 줘요.

맞아. 그리고 범죄 수사에서 범인이나 실종자를 찾는 역할도 해.

냄새는 이쪽

요즘은 가족의 구성원으로서 개를 통해 정서적인 안정을 얻는 역할이 더 크지.

강아지를 바라보고만 있어도 기분이 좋아져요.

실제로 사람들의 마음을 치료하는 데 개들이 많은 도움을 준단다.

하루 일과를 마치고 집에 왔을 때 날 반겨 주는 강아지가 있어서 행복해~.

나도~!

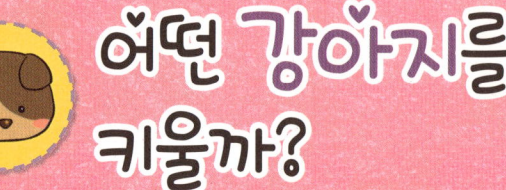

어떤 강아지를 키울까?

지니의 강아지 노트

강아지 산책 에티켓
♥ 목줄 착용
♥ 배변 봉투&휴지 준비
♥ 엘리베이터에서는 안고 타기
♥ 이름표 착용

몰티즈
눈같이 희고 부드러운 털을 가진 몰티즈. 작지만 지능 지수가 높아서 인기가 좋아.

포메라니안
여우와 비슷한 깜찍한 얼굴에 인형같이 작고 또랑또랑한 눈망울이 매력적이야. 털은 둥글고 풍성하게 부풀어 올랐지. 원래 북극에서 썰매를 끌던 대형견이었는데 작게 개량되었어.

시추

중국어로 '사자 개'라는 뜻이야. 늘어진 털이 사자 갈기처럼 보이기 때문이래. 둥근 얼굴에 납작한 코를 가진 아기 같은 얼굴이야.

푸들

양처럼 곱슬곱슬하고 촘촘한 털을 가지고 있지만 털갈이를 하지 않아서 털 빠짐이 거의 없어. 사교적인 성격으로 애교를 잘 부려.

닥스훈트

긴 허리와 짧은 다리를 가진 닥스훈트는 사실 용감한 사냥개 출신이야. 주인에게 충성하고 정과 샘이 많은 애교덩어리지.

골든 리트리버

황금빛 털을 가지고 있어. 사람을 좋아하고 잘 따르며 머리가 영리해서 인명 구조, 마약 탐지, 안내견 등 여러 분야에서 활약하고 있어.

강아지를 키우려면 무엇이 필요할까?

집
강아지가 다 큰 후에도 계속 쓸 수 있는 넉넉한 크기에, 심리적으로 안정감을 느끼도록 지붕이 있는 동굴형이 좋아.

식기
높이가 있는 테이블형 식기로, 플라스틱보다는 스테인레스나 도자기 제품이 좋아.

빗, 털 제거 롤
털이 길게 자라는 장모종의 강아지를 입양했다면 어릴 때부터 털 관리에 신경을 많이 써야 해. 하루에 한 번씩 꼼꼼하게 빗질을 해 주도록!

사료

강아지는 사람에 비해 성장 속도가 8배 정도 빠르기 때문에 연령에 알맞은 사료를 주어야 해. 사람이 먹다가 남은 음식을 주는 건 강아지의 건강에 좋지 않아.

이어클리너, 치약+칫솔

냄새가 많이 나는 곳 중 하나가 귀와 입 부분이야. 자주 닦아 줘야 해.

애견용 샴푸

강아지의 피부는 무척 연약해서 사람이 쓰는 비누나 샴푸를 쓰면 안 돼. 꼭 애견용 샴푸와 린스를 사용하렴. 목욕 후에는 재빨리 물기를 없애 주어야 해. 발가락 사이까지 완전히 닦아 주고, 털이 긴 강아지는 반드시 빗질을 하면서 말려 주도록!

배변용품

배변판 위에 배변 패드를 놓고 사용하면 대소변이 밖으로 나가지 않아.

장난감과 개껌

어린 강아지들, 특히 이가 나기 시작한 어린 아기들은 뭐든지 물어뜯는 본능을 가지고 있어. 강아지가 물어뜯을 수 있는 개껌과 함께 가지고 놀 장난감을 주면 강아지도 즐거워할 거야.

강아지랑 어떻게 친해질까?

① 강아지는 사람처럼 마사지를 좋아해!

주먹을 살짝 쥔 상태에서 귀 뒷부분을 마사지하거나 귀 입구 부분에 튀어나온 연골을 만져 주면 강아지가 좋아해. 마사지를 할 때 등이나 뒷덜미의 늘어진 가죽을 잡고 주물러 주고, 강아지가 통통한 경우는 두 손바닥을 몸 양쪽에 대고 부드럽게 흔들어 줘.

② 강아지는 양말을 좋아해!

손에 양말을 끼고 만져 주거나 양말을 말아 공처럼 놀아 주렴.

❸ 강아지는 아기들처럼 움직이는 물체를 좋아해!

선풍기에 풍선을 달아 두거나 비눗방울을 날려 주면 이리저리 뛰어다니며 즐거워 해.

❹ 야단을 칠 때는 강아지의 이름을 부르지 않는 게 좋아

자기 이름에 부정적인 느낌을 받아서 이름을 부를 때마다 피하거나 겁을 먹을 수 있어.

❺ 잘못된 행동을 했을 때는 즉시 혼내야 해

바로 혼이 나면 혼나는 이유를 올바르게 인식할 수 있어.

❻ 강아지를 때리면 공격성을 유발시킬 수 있어

순간이라고 해도 강아지는 그 기억 때문에 주인의 손을 피하기도 해. 강아지도 감정을 느끼는 동물이야. 사랑으로 대해 준다면 주인에게 더 많은 사랑으로 갚아 준단다.

강아지는 지금 어떤 기분일까?

개도 사람처럼 풍부한 감정이 있어. 기쁘다, 즐겁다, 외롭다, 좋다, 싫다, 무섭다. 온몸으로 여러 가지 대화를 하지.

이를 드러내면서 꼬리를 곧추세운 다음, 당장이라도 덤빌 것 같은 자세를 취하는 건 상대방을 위협하는 거야.

건드리지 마!

나 지금 떨고 있니?

뒷다리 사이에 꼬리를 감아 넣고 귀를 내리면 겁이 나서 과격해진 상태야. 도망칠 수 없을 때는 덤빌 수도 있어.

주인에게 복종하거나 다른 개가 너무 강해서 감당을 못할 때, 배를 보이고 드러누워 뒷다리를 허우적거려.

엉덩이를 들고 앞다리를 뻗으며 꼬리를 격렬하게 흔드는 건 아주 아주 많이 즐겁다는 뜻이야.

입 주변을 핥는 것은 상대를 무척 좋아한다는 표시로 사람들이 하는 뽀뽀와 같은 의미야.

한 손을 가볍게 들어 올리거나 한 손을 주인의 몸에 대는 건 '나 좀 봐 주세요.'라는 신호야.

앞발로 다른 개를 누르고 귀 뒤나 목, 어깨를 가볍게 무는 건 자신이 상대 개보다 서열이 높다는 걸 표시하는 거야.

강아지랑 나랑 함께 먹는 간식 만들기

🌸 바삭바삭 과자처럼 고소한 고구마 칩

1. 고구마를 깨끗하게 씻어서 얇게 썰기
2. 얇게 썬 고구마를 물에 20분 동안 담그기
3. 전분이 빠진 고구마를 흐르는 물에 한 번 더 씻기
4. 키친타월로 물기 없애기
5. 바삭바삭하게 익을 때까지 전자레인지에 1분씩 여러 번 돌려 주면 완성!

🌸 달콤하고 부드러운 단호박 쿠키

1. 단호박을 깨끗하게 씻어서 반으로 자르기
2. 손가락으로 긁어서 씨를 없애고, 찜통에 넣어서 단호박 찌기
3. 그릇에 기름을 조금 두르고 달걀을 넣어서 연노란색이 될 때까지 저어 주기
4. 밀가루와 쌀가루, 찐 단호박을 넣고 반죽 만들기
5. 완성된 반죽을 냉동실에 30분 정도 넣어 두기
6. 반죽을 꺼내어 쿠키 틀로 모양을 내고 붓으로 쿠키 표면에 오일 바르기
7. 모양을 낸 반죽을 오븐에서 180도로 25분간 굽기
8. 잘 구워진 쿠키를 꺼내어 바삭하게 식을 때까지 기다리면 완성!

초간단! 수면 양말로 강아지 옷 만들기

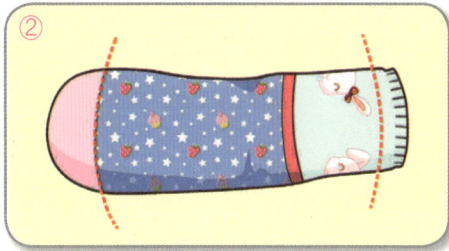

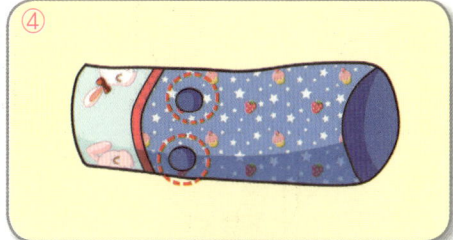

❶ 강아지 몸에 알맞은 수면 양말을 골라.
　(수면 양말 옷은 몸집이 작거나 어린 강아지만 입을 수 있어)
❷ 점선대로 잘라 줘 양말의 발목 쪽은 강아지의 목이 들어가고, 발가락 쪽은 엉덩이가 나올 부분이야.
❸ 배 부분을 동그랗게 다시 잘라.
❹ 발이 나올 구멍을 두 개 잘라 주면 완성!

자른 부분에 꼼꼼하게 박음질을 하면 올이 풀리는 것을 방지할 수 있어.

꼬리는 살랑살랑~ 발은 사뿐사뿐, 고양이

사람들은 언제부터 고양이를 키웠을까?

약 5000년 전, 고대 이집트인들이 처음으로 고양이를 키우기 시작했어.

그당시 사람들은 곡물 창고를 습격하는 쥐 떼들로 골머리를 앓았지.

그런데 고양이가 쥐의 천적이라는 사실을 발견하고 집집마다 고양이를 키우기 시작했어.

거기 서라옹!

으악! 고양이다!

그 후 고양이는 음악과 풍요, 다산의 여신으로 숭배되었지.

심지어 죽은 고양이를 미라로 만들 정도였어. 그런데…

유럽에서 고양이가 마녀의 부하라는 미신이 퍼지면서 고양이들이 수난을 당했어.

하지만 지금 고양이는 개와 더불어 가장 인기 있는 반려동물이 되었단다.

스스로 씻을 줄 알기 때문에 몸에서 냄새도 나지 않고 배변 훈련도 쉽다옹!

성격도 차분하고 조용하다옹!

사랑해~!

나도 사랑해옹~.

어떤 고양이를 키울까?

지니의 고양이 노트

고양이의 그루밍

몸을 핥는 행동을 그루밍이라고 해. 고양이의 혀에는 까실까실한 돌기가 있어서 털을 빗질할 수 있거든.

페르시안

전 세계적으로 인기가 가장 많은 종이야. 귀여운 외모와 조용한 성격 때문에 '고양이계의 귀부인'이라고 불린단다.

샤미즈

태국의 옛 왕국인 샴에서 왕들이 왕궁을 수호하기 위해서 키우던 고양이야. 고급스럽고 멋지게 생겼지.

러시안 블루

청회색의 오묘한 털과 에메랄드 색의 눈, 근육질의 날렵한 몸매를 가지고 있어. 사람의 감정을 읽는 능력이 매우 뛰어나.

아비시니안

고대 이집트에서 성스럽게 여기던 고양이. 날씬하고 큰 귀, 작은 얼굴이 특징. 성격이 온순하면서도 대단히 활발하고 놀이를 좋아해.

터키시 앙고라

영리하고 충성심이 강하지만 고집이 센 편. 주인에게는 굉장히 사랑받지만 다른 사람에게는 쉽게 마음을 주지 않는 도도한 고양이!

스코티시 폴드

얼굴과 눈이 동그랗고 귀가 앞으로 쳐져 있어. 귀여운 외모와 상냥한 성격 때문에 좋아하는 사람들이 많아.

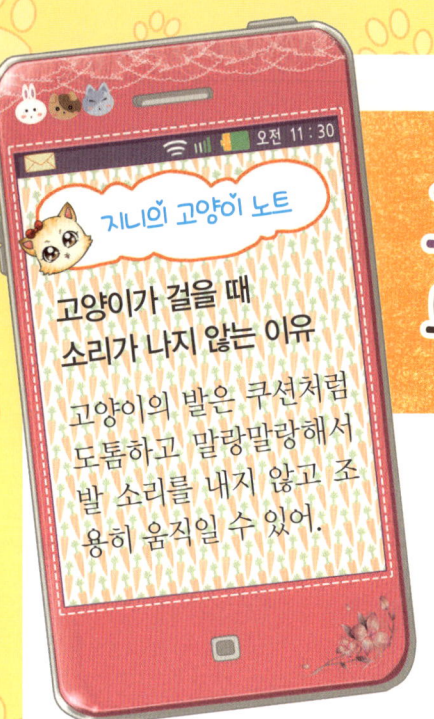

지니의 고양이 노트

고양이가 걸을 때 소리가 나지 않는 이유

고양이의 발은 쿠션처럼 도톰하고 말랑말랑해서 발 소리를 내지 않고 조용히 움직일 수 있어.

고양이를 키우려면 무엇이 필요할까?

발톱긁개

고양이는 본능적으로 거친 면에 대고 발톱을 긁어. 가구나 벽을 망가뜨리지 않도록 적당한 발톱긁개를 어렸을 때부터 마련해 주는 것이 좋아.

식기

고양이가 먹는 데 불편하지 않도록 적당히 무게가 있는 게 좋아. 플라스틱보다는 스테인리스나 사기 재질이 좋지. 사료 그릇과 물그릇이 함께 있는 식기보다는 분리되는 식기가 더 편리하고 위생적이야.

고양이 이동장

처음 고양이를 데려올 때나 병원에 갈 때 반드시 필요해.

화장실

어린 고양이를 위해서는 입구가 너무 높지 않은 것을 쓰거나, 책을 쌓아 계단을 만들어 주면 좋아.

배변용 모래

고양이 화장실용 모래는 균을 없애고 나쁜 냄새를 없애는 기능이 있어.

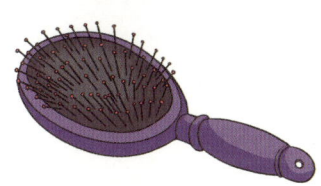

고양이 브러시

털을 빗겨 주면 털 날림을 방지하고, 고양이와 주인이 교감을 하는 데 중요한 역할을 해.

사료

생후 12개월 이하의 고양이는 새끼 고양이용 사료를, 한살 이상은 어른 고양이용 사료를, 일곱살 이상은 나이든 고양이용 사료를 먹이면 돼.

고양이랑 어떻게 친해질까?

고양이에게 개와 같은 무조건적인 복종을 기대해서는 안 돼. 고양이는 매우 조심스러운 성격이라 처음 보는 사람에게 함부로 마음을 열지 않거든. 니아옹~!

만약 고양이가 사람을 문다면 놀이 시간이 부족하기 때문일 가능성이 커. 체력이 좋고 성격이 활발한 고양이들은 사람이 먼저 지쳐버릴 정도로 놀이를 하고도 계속 놀자고 조르곤 하거든. 그래서 한 마리를 더 데려올 여건이 된다면 두 마리를 키우는 게 서로에게 좋은 놀이 상대가 될 수 있어!

놀이가 부족한 고양이는 주인이 놀랄 정도로 심한 장난과 공격적인 행동을 보일 수도 있으므로 함께 놀아 주는 시간을 꼭 가져야 해. 깃털 막대나 끈에 달린 생쥐 장난감을 진짜 살아서 움직이는 것처럼 흔들어 주면 고양이가 폴짝폴짝 뛰면서 잡으려고 해. 이때 반드시 고양이가 장난감을 잡도록 해 주는 것이 좋아. 온 힘을 다해서 잡으려고 노력했는데 발길질만 하다가 끝나면 흥미를 잃게 되거든. 사람처럼 고양이도 성취감을 느끼게 하는 것이 중요해!

고양이를 혼낼 때는 고양이가 체벌을 놀이의 일부로 여길 수 있으므로, 체벌보다는 따돌리는 것이 고양이를 혼내는 좋은 방법이야. 하지만 체벌과 꾸중보다는 바른 행동을 했을 때 칭찬을 해 주는 것이 훨씬 효과적이지!

고양이는 지금 어떤 기분일까?

고양이는 꼬리뿐 아니라 표정이나 시선, 자세 등 몸 전체로 감정을 표현해.

익숙한 상대에게 가늘게 뜬 눈을 천천히 깜박이며 마주치는 것은 친근감의 표현이야. 이것을 다른 말로 고양이 키스라고도 해. 더 가까워지면 손으로 쓰다듬어 주지 않고 눈만 마주쳐도 그르릉그르릉~ 소리를 내기도 해.

낯선 상대와 만나 똑바로 눈을 뜨고 오랫동안 마주치는 눈싸움은 탐색이나 도전의 뜻이야.

꼬리를 위아래로 흔들어 바닥을 탁탁 치거나 좌우로 신경질적으로 흔드는 것은 초조하고 긴장 된다는 표현이야.

위험을 감지하면 눈을 크게 뜨고 상대방을 응시하며 위로 쫑긋해 있던 귀를 양옆으로 납작하게 눕히지.

'하악' 소리를 내며 입을 크게 벌리고 송곳니를 드러내는 건 자꾸 건드리면 공격하겠다는 경고야.

고양이 간식 만들기

🍀 닭 가슴살 고구마 범벅 만들기

①
②
③
④

준비할 재료 : 닭 가슴살, 고구마, 당근

❶ 싱싱한 닭 가슴살을 가로, 세로 1cm 크기로 잘라서 끓는 물에 삶아 익혀 줘.
　(닭 가슴살을 삶은 육수는 버리지 말고 남겨 둬)
❷ 고구마를 쪄서 으깨.
❸ 당근도 살짝 익혀서 잘게 썰어 줘.
❹ 육수를 붓고 고구마와 당근을 닭 가슴살과 잘 섞으면 완성!

요리조리 공놀이 장난감 만들기

준비할 재료 : 골판지, 종이 상자, 나무젓가락, 작은 공, 칼, 가위, 컴퍼스, 테이프

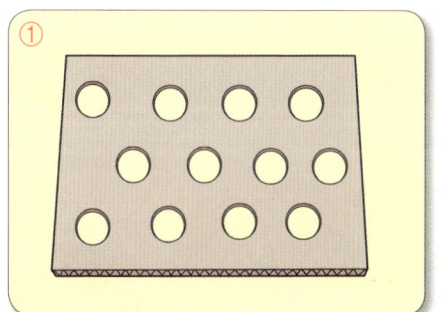

❶ 골판지에 탁구공이 들어갈 정도의 원을 그리고 원 모양대로 잘라. 고양이 발이 다치지 않도록 날카롭거나 뾰족한 부분을 없애 주어야 해.

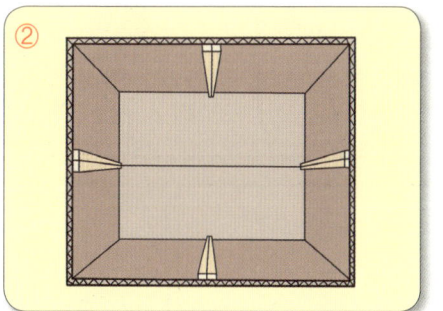

❷ 종이 상자의 안쪽 네 면 중앙에 나무젓가락을 잘라서 붙여. 고양이가 박스 위에 올라가도 박스가 무너지지 않도록 지지대를 만들어 주는 거야.

❸ 구멍 안에 작은 공을 넣어 주면 고양이가 사냥하듯 공을 요리조리 가지고 놀 수 있어.

각자의 굴로 돌아가서 따로 살지.

낮에는 자고, 밤에는 먹을 것을 구하기 위해 하루에 수십 킬로미터씩 혼자 달린단다.

뻥~

이제 네 집으로 가!

지금은 새끼니까 괜찮지만….

성체가 된 햄스터가 좁은 공간에 여러 마리 있으면….

카니발리즘을 일으켜!

※ **카니발리즘** : 새끼를 포함해 동족을 먹는 행동.

알았어요. 제가 한번 잘 키워 볼게요!

어떤 햄스터를 키울까?

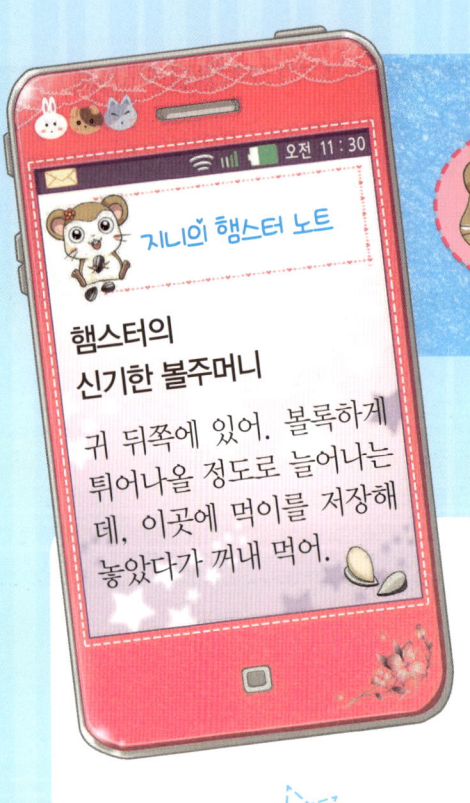

지니의 햄스터 노트

햄스터의 신기한 볼주머니

귀 뒤쪽에 있어. 볼록하게 튀어나올 정도로 늘어나는데, 이곳에 먹이를 저장해 놓았다가 꺼내 먹어.

보통 햄스터라고 하면 골든 햄스터를 가리켜. 몸길이는 15~18cm, 꼬리는 1cm 정도야. 다 자라면 몸무게가 100~150그램 정도야. 볼주머니에 먹이를 저장하는 특징이 있어. 등 쪽 털은 오렌지색, 갈색, 검은색, 하얀색이고, 배면과 볼, 앞발의 윗면은 흰색이야. 성격이 온순하고 느긋해서 친해지기 쉬워!

골든 햄스터

오렌지 · 베이지 · 세이블

드워프 햄스터

윈터 화이트 햄스터

여름에는 어두운 색이다가 겨울에 흰색으로 변해서 '윈터 화이트'라고 해. 몸길이는 평균 10cm, 꼬리는 털에 파묻혀서 잘 보이지 않아. 골든 햄스터보다 재빠르고 사람과 쉽게 친해지는 편이야. 등에 있는 줄무늬가 특징!

로보로브스키 햄스터

몸길이 5~7cm로 햄스터 가운데 가장 작은 햄스터야. 작고 귀여운 얼짱 햄스터지만 겁이 많아서 친해지기 힘들어. 행동이 무척 재빨라 케이지를 탈출하면 잡기 힘들어.

드워프는 '난쟁이'라는 뜻이야. 골든 햄스터보다 몸집이 작은 햄스터들을 이렇게 불러. 윈터 화이트 햄스터, 로보로브스키 햄스터, 캠벨 러시안 햄스터, 차이니즈 햄스터 등이 있어.

지니의 햄스터 노트

햄스터가 좋아하는 것
- 쳇바퀴
- 터널
- 어두운 은신처
- 조용한 휴식

햄스터 집 예쁘게 꾸미기

케이지

햄스터는 움직임이 많기 때문에 좁은 집에 살면 스트레스를 받아. 햄스터의 집은 크면 클수록 좋은데 이빨로 뚫을 수 없도록 단단한 재질이 좋아. 철창집이나 나무로 만든 집은 햄스터가 이빨로 계속 갉을 수 있어서 안 돼.

은신처

낮에 자고 밤에 활동하는 햄스터에게 어두운 은신처는 필수야. 입구가 좁고 내부는 어두워서 빛이 들어오지 않는 은신처가 좋아.

베딩

설치류처럼 작은 동물을 기를 때 바닥에 깔아 주는 것을 베딩이라고 해. 햄스터 베딩은 나무 톱밥을 많이 써. 삼나무와 소나무 베딩은 알레르기를 일으킬 수 있으니 피하도록!

화장실

햄스터가 주로 오줌을 누는 곳에 화장실을 설치해 줘. 햄스터의 오줌이 묻은 베딩을 화장실 안에 넣어 두면 화장실을 가릴 확률이 높아!

쳇바퀴

햄스터가 가장 좋아하는 장난감이야. 케이지에 갇혀 있는 햄스터에게 신 나게 달릴 수 있는 쳇바퀴는 필수!

급수기

물그릇을 사용해도 되지만 물이 오염될 수 있어서 급수기를 사용하는 게 좋아. 햄스터가 작은 손으로 급수기를 꼭 잡고 먹는 귀여운 모습을 볼 수 있어!

내가 만든 꼬미네 집

플라스틱 그릇 두 개에 구멍을 뚫어서 터널로 이어 줬어. 구멍 뚫기는 부모님이 도와주셨어. 굴과 먹이 공간, 화장실 등을 만들어서 햄스터가 좋아하는 환경을 만들었지. 어때, 근사하지?

 초롱초롱 햄스터 건강하게 키우기

> 햄스터의 평균 수명은 2~3년인데,
> 자주 건드리면 스트레스를 받아서 수명이 줄어들 수 있어.
> 그러니까 귀엽다고 너무 많이 만지면 안 돼!

1 야행성 동물! 낮에 자고 밤에 활동

너희들, 잠을 제대로 못 자면 짜증이 나고 피곤하지? 햄스터도 똑같아. 햄스터가 곤히 자도록 조용하고 어두운 곳에 케이지를 두고, 은신처를 건드리지 말 것!

2 겨울나기! 실내 온도는 15~23도를 유지

사막이 고향인 골든 햄스터는 영상 10도에도 겨울잠에 빠질 수 있어. 추워지면 실내 온도를 높이고, 케이지 안의 베딩도 더 두껍게 깔아 주렴.

3 여름나기! 가장 좋아하는 온도는 26도

햄스터가 어리거나 나이가 많다면 더위를 조심! 신선한 물을 주고, 시원한 공간에 있게 해 줘. 케이지 안에 타일, 대리석을 넣어 주면 그곳에서 몸을 쭉 뻗고 자는 모습을 볼 수 있어.

햄스터랑 어떻게 친해질까?

꺄~~, 귀여운 햄스터가 내 손안에 쏙~!
보들보들한 털, 따뜻한 체온, 조그만 손과 발의 촉감!
우리 귀염 귀염 햄스터와 친해 볼까?

1단계 : 손가락으로 간식 주기

햄스터 집에 손을 넣기 전에 먼저 이름을 불러. 그리고 간식을 손가락으로 집어 줘. 햄스터가 다가와 간식을 가져갈 때까지 꾸준히 반복해! 손가락으로 주는 간식을 잘 받아가면 손가락 전부를 이용해 간식을 집어 줘.

2단계 : 손바닥 위에서 간식 먹기

손바닥을 쫙 편 채로 손가락 끝에 간식을 올려놓는 거야. 햄스터가 손 위로 올라와서 간식을 가져가기 시작하면 간식을 조금씩 손바닥 안쪽으로 옮겨. 이 단계를 반복하면 햄스터가 손바닥을 무서워하지 않게 돼.

3단계 : 손을 타고 밖으로 나갈 수 있다는 것을 알려 주기

사람 손에 올라오는 연습을 할 때는 탈출하고 싶어 하는 햄스터의 본능을 이용해. 햄스터가 탈출하려 애쓸 때 손을 살짝 내밀어 봐. 그럼 쪼르르 손 위에 올라올 거야. 이때 간식을 주어서 손 위에 올라오면 좋은 일이 있다는 것을 알게 해 줘. 참 햄스터는 갑자기 들어 올리거나 잡으면 놀라서 손을 물을 수 있어.

햄스터는 지금 어떤 기분일까?

"더 이상 오면 물어 버릴 거야!"

귀를 세우고 이빨로 위협하는 건 굉장히 화가 나 있는 상태야.

"나 지금 편안해."

베딩에 냄새를 묻히거나 숨겨 둔 먹이를 찾는 건 햄스터의 본능이야. 지금 마음이 꽤 편안하다는 뜻이지.

"저건 뭘까?"

귀를 쫑긋 세우고 있는 것은 지금이 어떤 상황인지 궁금해 하는 거야.

"가까이 오지 않는 게 좋아!"

귀를 눕히고 한 곳을 보고 있으면 심기가 좀 불편한 상태야.

잘 놀다가도 갑자기 불안함이 느껴지면 그루밍(몸을 털거나 핥아서 털을 정돈하는 것)을 하여 수염, 코, 귀 등의 감각을 예민하게 해.

눈을 감고 느긋하게 밥을 먹고 있다면 자기를 해칠 상대가 없다는 걸 알고 안심하고 있는 거야.

배를 내놓고 찍찍 우는 건 매우 불안하고 겁먹은 상태인 거야.

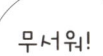 

두 발로 일어나서 귀를 세우고 있는 건 좀 전보다 더 궁금하다는 뜻이야.

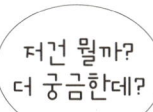 

몸을 바닥에 납작 붙이고 있으면 잘 모르는 환경에서 긴장하고 있는 거야.

오밀조밀 재밌는 햄스터 장난감 만들기

장난감은 갇혀 있는 햄스터에게 활력을 주고 이갈이에도 도움을 주기 때문에 꼭 필요해. 집에 있는 간단한 재료로 햄스터가 좋아하는 장난감을 만들어 보자.

🎋 휴지심으로 터널 만들기

구불구불한 터널은 굴의 이동 통로와 비슷해서 햄스터가 다른 장난감보다 좋아해. 햄스터는 터널 안에서 잠을 자거나 음식을 숨겨 두기도 하지. 휴지심 여러 개를 테이프로 잇기만 하면 터널 완성!

🎋 젠가로 사다리 + 2층집 만들기

보드게임용 젠가로 사다리와 2층 은신처를 만들 수 있어. 먼저, 어떤 모양으로 만들 것인지 설계도를 그려 봐. 설계도가 완성되었으면 젠가를 깨끗이 씻어서 말린 다음, 무독성 접착제로 붙이면 돼. 젠가가 완전히 붙여지면 햄스터 집에 쏘옥 넣어 주면 돼!

냠냠, 맛있는 햄스터 간식 만들기

햄스터는 자연에서 주로 건초나 씨앗, 곤충과 사막 식물을 먹어. 야행성이라 밥그릇은 저녁 무렵에 채워 주는 게 좋아. 그래야 햄스터가 밤새 지치지 않고 놀 수 있거든. 그럼, 햄스터가 좋아하는 간식을 만들어 볼까?

❊ 햄스터에게 주면 안 되는 음식

양배추 아보카도 파슬리
생강낭콩 생감자 포도와 건포도

아이고 배야.

❊ 견과류 쿠키

❶ 해바라기씨, 아몬드, 피칸 같은 견과류를 한꺼번에 빻기
❷ 빻은 가루에 물을 조금 묻히기
❸ 뭉친 반죽을 동그랗게 만들기
❹ 햇빛에 1~2시간 정도 말리기
❺ 견과류 쿠키 완성!

❊ 말린 채소와 과일

말린 채소와 과일은 살찔 염려도 없고 햄스터도 좋아하는 간식이야. 채소와 과일을 햄스터가 먹을 정도로 작게 잘라서 햇빛이나 식품 건조기에 말리기만 하면 돼.

두 귀가 쫑긋쫑긋, 토끼

오동통한 몸매~

앙증맞은 긴 귀~

동그랗고 초롱초롱한 눈~

정말 사랑스러운 동물이야.

하지만 토끼는 기르기 쉽지 않아. 반려동물로 길러진 역사가 짧아서 야생 동물로서의 본능이 많이 남아 있거든.

# 어떤 토끼를 키울까?

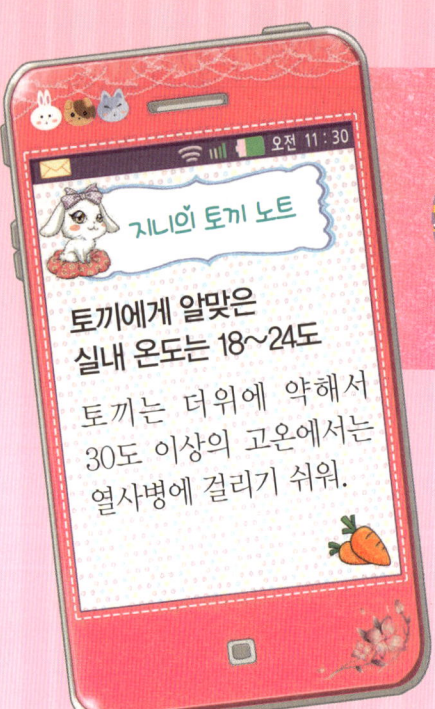

지니의 토끼 노트

토끼에게 알맞은 실내 온도는 18~24도

토끼는 더위에 약해서 30도 이상의 고온에서는 열사병에 걸리기 쉬워.

네덜란드 드와프

네덜란드에서 개량된 소형 토끼야. 기존의 토끼들에 비해 작은 크기가 특징이지. 다 자라도 1.3kg 이내로 몸집이 작아. 동그란 눈과 얼굴, 짧은 귀, 보드랍고 촘촘한 털이 깜찍하고 귀여워!

롭이어

통통하고 동글한 몸매에 두 귀가 축 처졌어. 순하고 겁도 많아. 귀 때문에 귀지가 쉽게 배출되지 않아 염증이 잘 생기기 때문에 귓병을 조심!

더치

가장 오랫동안 길러진 반려토끼야. 오늘날의 수많은 반려토끼들이 더치에서 개량되었지. 2~2.5kg의 중소형 토끼로 영리하고 순해.

렉스

토끼 중에서 가장 털이 짧은 렉스는 털이 비단처럼 부드러워! 귀는 길고 곧게 서 있으며 안테나처럼 좌우가 벌어져 있어.

히말라얀

히말라야 원산으로 흰 바탕에 귀, 코, 꼬리, 다리의 끝부분이 까만 토끼야. 성격이 온순하고 사람을 잘 따르는 특징이 있어.

지니의 토끼 노트

토끼의 눈

얼굴 양옆에 붙어 있어. 시야가 무척 넓어서 뒤쪽의 적도 쉽게 알아내. 야행성이라 어두운 곳에서도 볼 수 있지만 시력은 별로 좋지 않아.

토끼를 키우려면 무엇이 필요할까?

은신처

입양 직후의 토끼에게 무척 중요한 용품이야. 낯선 장소, 낯선 환경, 이동 스트레스로 마음이 불안정한 토끼가 안심하고 쉴 수 있는 쉼터거든. 낯선 곳에 온 토끼가 은신처에 들어가서 쉴 수 있게 해 주고, 스스로 나올 때까지 건드리지 않는 게 좋아.

케이지

토끼는 생후 5개월까지 빠른 속도로 자라기 때문에 최대한 큰 사이즈로 구입하는 게 좋아. 케이지 안에 건초통, 물그릇, 은신처, 화장실 등을 다 설치해야 하는데 케이지가 작으면 이 용품들을 놓을 자리가 없거든.

푹신푹신한 바닥재

토끼는 발바닥에 쿠션이 없어서 딱딱한 바닥에서 오래 생활하면 '비절병'이라는 발바닥 궤양이 생기기 쉬워. 푹신한 바닥재를 깔아 줘야 해.

급수기, 물그릇

'토끼는 물 먹으면 죽는다?' 말도 안 되는 소리! 토끼는 물을 많이 마시는 동물이야.

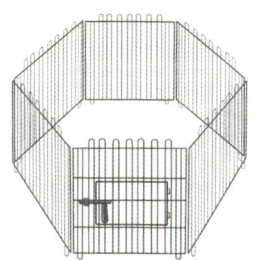

울타리

토끼를 좁은 케이지 안에 가둬 두는 것은 새를 날지 못하게 하는 것과 똑같아. 토끼가 뛰어놀 수 있도록 울타리를 쳐서 넓은 공간을 만들어 줘야 해.

건초통

토끼는 하루 종일 먹으면서 시간을 보내기 때문에 가장 편안한 자세로 건초를 먹게 하는 것이 좋아. 건초통을 기울여 주고 상반신이 들어갈 수 있도록 구멍을 크게 뚫어 주거나 바닥에 구멍이 뚫린 채반을 사용해도 좋아.

적당한 습도, 운동공간

실내 공기가 너무 습하거나 집이 좁아서 토끼가 맘껏 돌아다닐 공간이 부족하면 토끼를 건강하게 기를 수 없어.

 토끼는 지금 어떤 기분일까?

무서워!

얼음처럼 굳어서 가만히 있는 행동은 무엇인가에 두려워하는 반응이야.

흥 나 화났어!

토끼가 위협을 받았거나 화가 났을 때는 발을 탕탕 굴러. 귀엽게 보이지만 토끼가 무엇이 불편한지 잘 살펴봐야 해.

행복해~!

슈퍼맨처럼 배를 바닥에 깔고 누워 있는 건 여유롭고 안전한 상태에서 볼 수 있는 행동이야.

토끼는 턱 밑에 있는 냄새 분비선을 비비며 자신의 영역을 표시해. 만약 주인에게 이러한 행동을 한다면 주인을 친밀하게 생각한다는 뜻이야.

몸을 흔드는 행동은 불쾌한 냄새가 날 때 하는 행동이야. 사람 손에서 비누나 핸드크림 냄새가 날 때, 약을 먹고 나서 냄새를 털어 낼 때 하는 행동이야.

두 발로 서서 주위를 경계하는 것은 호기심이 많을 때이거나 주인에게 관심을 받고 싶을 때 보이는 행동이야.

공중으로 점프해서 발도 차고 머리도 흔들고 트위스트까지 다양한 포즈를 취하는 것은 기분이 아주 좋다는 뜻이야.

 토끼랑 어떻게 친해질까?

토끼는 주로 저녁부터 밤까지 활동하는 야행성 동물이야. 그래서 주인이 놀고 싶다고 낮에 자고 있는 토끼를 깨우면 엄청 스트레스를 받는다는 사실! 너희들도 곤히 자고 있는데 깨우면 싫잖아. 그치?

토끼를 안을 때는 귀를 잡으면 안 돼. 토끼가 아주 아파하거든. 토끼의 앞 겨드랑이 밑에 손을 넣어서 다른 한쪽 손으로 엉덩이를 받치며 조심스럽게 들어 올리도록 해. 토끼는 다리가 흔들리는 것을 아주 싫어하니까 반드시 다리를 손으로 받쳐 줘야 해.

토끼에게 맛있는 간식을 주거나, 머리를 쓰다듬어 주고, 털을 빗겨 주는 일 등은 모두 토끼와 친해지면서 함께 즐길 수 있는 놀이야.

오물오물~ 토끼는 뭘 먹을까?

🟢 **토끼의 주식은 풀을 말린 건초**

6개월 이전의 어린 토끼는 단백질, 칼슘이 풍부한 알팔파 건초를 주로 먹이고, 6개월이 지나면 점차 섬유질이 풍부한 티모시 건초로 변경해. 건초는 매일 무제한으로 주어야 해!

🟢 **24시간 이용할 신선한 물!**

어른 토끼는 체중 1kg당 50~100ml의 물을 섭취해. 기온이 높거나 활동이 많을 때, 임신, 포유 기간에는 더 먹기도 해.

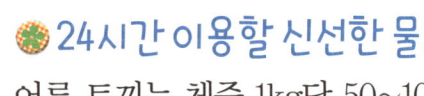

🟢 식변

토끼가 자신의 변을 먹는 것은 아주 자연스러운 일이야. 음식물의 영양분을 한 번에 흡수하지 못하기 때문에 변을 먹는 것으로 영양을 보충하는 거니까 놀라지 마.

내 똥은 비타민, 단백질 덩어리라고!

🟢 말린 채소와 과일

말린 채소나 과일은 간식으로 조금씩 주면 돼. 건초를 주지 않고 부드러운 채소만 주면 소화불량에 걸리거나 이갈이를 하지 못해서 부정교합이 될 수 있어.

가시가 삐죽삐죽, 고슴도치

오잉? 이게 뭐지?

밤송이?

고슴도치야!

동글동글 반짝이는 앙증맞은 눈.

귀여워!

매끈한 코에 네 개의 작은 발!

근데 가시 때문에 만질 수가 없어. ㅠㅠ

당연하지. 우리는 처음 보는 사람의 냄새를 맡으면 가시를 바짝 세우거든.

하지만 고슴도치는 공격적인 동물이 아니야. 이유 없이 다른 생물을 먼저 공격하는 일은 거의 없거든.

 # 어떤 고슴도치를 키울까?

지니의 고슴도치 노트

고슴도치의 가시갈이

고슴도치는 털갈이를 하지 않는 대신 가시갈이를 해. 사람의 머리가 빠지고 새로 나듯이 고슴도치의 가시도 마찬가지야.

❋ 아프리칸 피그미의 다양한 컬러 분류!

스탠다드

현재 우리나라에서 가장 많이 알려진 고슴도치 중의 하나로 아프리칸 피그미 고슴도치의 기본이 되는 컬러. 흰색이나 크림색 가시에 검은 눈과 검은색 코를 가지고 있어.

플래티나

스탠다드와 비슷하게 생겼지만 얼굴과 피부색이 더 진하고 다리에 검은 털이 나 있어.

시나몬

밝은 시나몬 갈색의 가시를 가지고 있어서 시나몬이라고 불려.

화이트 쵸콜릿

노란빛이 도는 가시나, 흰색 가시에 밝은 밀크 초콜릿색과 같은 밴드를 가지고 있어. 가시 색이 전체적으로 노란빛이야.

스노우 샴페인

전체적으로 밝은 노란빛이 도는 가시를 가지고 있어. 핑크색 피부에, 붉은빛이 도는 블랙루비와 레드 루비 눈이야.

지니의 고슴도치 노트

고슴도치의 특이한 행동, 안팅

안팅은 거품을 만들어 자신의 몸, 특히 가시에 묻히는 행동이야. 새롭거나 자극적인 냄새, 음식을 접하면 안팅을 해.

고슴도치 집 예쁘게 꾸미기

은신처

고슴도치는 보금자리에서 은신하는 습성이 있어. 은신처는 가능한 부드러운 것을 사용하도록~.

톱밥이나 천 베딩

톱밥을 깔 경우에는 10~15㎝ 정도 깊이로 깨끗하고 건조한 톱밥을 깔아 주고, 천 베딩을 깔 경우에는 여분의 천을 준비해서 번갈아 깔아 주도록!

사육장

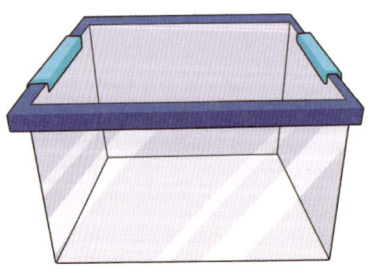

철망보다는 리빙박스를 추천해. 철망은 철장의 틈새 사이로 고슴도치가 고개를 내밀거나 기어오르다가 떨어져 다칠 수 있고, 피부가 벗겨질 수 있거든. 통풍이 잘 되도록 위쪽에 구멍을 뚫어 주는 게 좋아.

전기 난방 제품

고슴도치는 추위에 약해. 그래서 전기장판이나 전기방석 같은 난방 제품은 필수. 다만, 사육장의 반만 깔아서 더우면 고슴도치가 다른 곳으로 피할 수 있게 해 줘야 해.

강아지나 고양이 샴푸

고슴도치는 물을 좋아하지는 않지만 주기적으로 목욕을 시켜 주는 것이 좋아. 이때는 강아지나 고양이용 샴푸로 씻기면 돼.

쳇바퀴

고슴도치의 몸에 맞는 대형 쳇바퀴를 이용해. 쳇바퀴를 돌리면서 장의 운동이 활성화돼서 배변을 하기도 해.

따끔따끔~ 고슴도치 키우기

고슴도치는 살짝만 건드려도 아주 예민하게 반응해. 갑자기 만지는 것을 아주 싫어하지. 등 가시를 쓰다듬을 때도 먼저 얼굴 쪽부터 손을 보여 주고 쓰다듬어야 놀라지 않아. 알겠지?

고슴도치는 야생에서 단독 생활을 하는 습성이 있어서 집에서 기를 때도 한 마리씩 길러야 해.

촵촵촵촵~ 고슴도치는 뭘 먹을까?

건조 사료를 주식으로 하고 다른 음식들을 간식으로 하여 영양 맞추기

● **주식** : 건조 사료와 물
고슴도치 전용 사료가 판매되기는 하지만 성분이 좋지 않아서 대부분 어린 고양이용 사료를 많이 쓰고 있어.

● **간식** : 적은 양의 과일, 채소, 계란 흰자, 밀웜 등
야외에서 채집한 애벌레나 곤충은 농약이 묻어 있거나 기생충이 있을 수 있기 때문에 먹이지 않는 것이 좋아.

● **주지 않는 게 좋은 음식** :
콩 종류, 감, 토마토, 옥수수, 오렌지, 파인애플 등
산이 강한 과일 및 견과류

● **먹이면 안 되는 음식** :
감자, 고구마, 우유, 복숭아, 망고 등 알레르기를 일으킬 수 있는 과일, 버섯, 토마토의 잎과 줄기, 양파, 마늘, 파 등

콩   감   토마토

감자   고구마   우유

옥수수   오렌지

복숭아   파

고슴도치는 지금 어떤 기분일까?

낯선 상대와 만나 똑바로 눈을 뜨고 오랫동안 마주치는 눈싸움은 탐색이나 도전의 뜻이야.

배를 깔고 누워 있으면 안락함을 느끼고 있는 거야.

통통 튀거나 점프를 한다면 무서움을 느끼고 있는 거야.

쉬지 않고 빙글빙글 돈다면 불안하다는 표시야. 마땅한 은신처가 없는 경우에 이런 행동을 해.

반짝반짝~ 고슴도치 목욕시키기

고슴도치는 씻지 않으면 피부에 각질과 피부 질환이 생길 수 있기 때문에 한 달에 2, 3번 정도 목욕을 시켜 주는 것이 좋아!

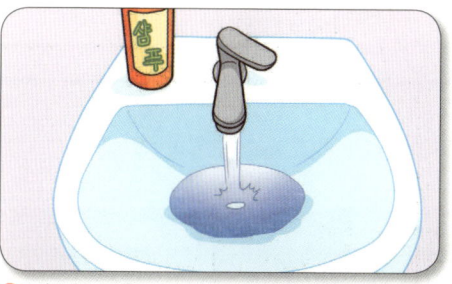

❶ 깨끗한 물을 고슴도치의 엉덩이가 잠길 정도로 채워. 고슴도치가 발버둥을 치지 않도록 한 손으로 고슴도치의 목을 받쳐 줘야 해.

❷ 동물용 샴푸를 물에 조금 넣은 후 손으로 거품을 내서 조금만 남겨둬.

❸ 칫솔이나 뻣뻣한 솔에 샴푸를 묻혀서 가시와 등을 살살 문질러 줘. 배는 고슴도치의 배 아래로 손을 집어넣어서 손가락으로 닦아 주고, 얼굴은 맹물로 닦아 줘.

❹ 목욕이 다 끝나면 바로 물기를 말려 줘야 해. 제대로 말려 주지 않으면 감기에 걸리고, 피부병이 생길 수 있어. 드라이기를 사용할 때는 30~40cm의 거리를 두고 골고루 말려 줘.

줄무늬 다람쥐와 예쁘게 꾸미기

지니의 다람쥐 노트

벌레는 먹어도 좋다?

도토리를 보관할 때 벌레가 나오는 경우가 있어. 야생 다람쥐에게 졸참나무바구미 같은 유충은 귀중한 동물성 단백질 중의 하나이므로 먹어도 문제는 없어.

나무 위에서 생활하는 주행성 다람쥐

청설모

아메리카 붉은 다람쥐

나무 위에서 생활하는 야행성 다람쥐

하늘다람쥐나 날다람쥐는 앞발의 발가락 사이에 날개같이 생긴 얇은 막이 있어서 나무에서 나무로 이동해.

날다람쥐

지하에 굴을 파고 땅 위에서만 사는 다람쥐

프레리도그 　　 땅다람쥐 　　 캘리포니아 땅다람쥐

나무와 땅 위에서 사는 다람쥐

줄무늬 다람쥐가 여기에 속해. 나무 위와 땅 모두에서 활동하며, 둥지를 트는 장소도 나무 구멍이나 땅속이야.

줄무늬 다람쥐

다람쥐 집 예쁘게 꾸미기

지니의 다람쥐 노트

다람쥐에게 주면 안 되는 음식
- ♥ 초콜릿, 감자 싹, 파, 양파

주의해서 줘야 하는 음식
- ♥ 허브, 우유, 감귤류

은신처

다람쥐가 편하게 쉴 수 있도록 마른 풀이나 부드러운 베딩을 넣어 줘.

철망 사육장

운동량이 많은 다람쥐에게는 넓이와 높이가 충분히 높은 사육장이 좋아. 사육장이 좁으면 운동량이 부족하게 되고 스트레스를 받거든.

나뭇가지

사육장 안에 비스듬히 건널 수 있는 나무가 있으면 발톱이나 치아의 지나친 성장을 막을 수 있어. 독성이 없고 나무껍질이 있는 것으로 선택할 것!

쳇바퀴

다람쥐의 발이 끼지 않고, 몸의 크기에 맞는 것으로 골라 줘.

쪼르르~ 쪼르르~
다람쥐 건강하게 키우기

1 다람쥐, 밤에는 쿨쿨

밤에는 다람쥐가 편안하게 잠을 잘 수 있도록 방 안의 불을 끄거나 천을 덮어 어둡게 해 줘.

2 꼬리를 절대 세게 잡지 말 것

다람쥐는 적에게 꼬리를 잡히면 도망갈 수 있도록 찢어지기 쉽게 되어 있으니까, 절대 꼬리를 끌어당기면 안 돼. 한번 빠진 꼬리는 다시 되돌릴 수 없어.

3 야생과 비슷한 환경 만들기

- 껍질이 붙어 있는 먹이, 곤충류 주기
- 사육장에 먹이 숨겨 두기
- 나무 오르내리게 해 주기
- 뛰어서 이동할 만한 공간 마련해 주기
- 안심하고 숨을 수 있는 장소 마련해 주기

다람쥐랑 어떻게 친해질까?

다람쥐는 경계심이 강하고 겁이 많아.
특히 자고 있을 때나 먹이를 먹을 때 만지는 것을 싫어해.
손에 올려놓기 위해서는 빠르면 2~3주, 늦으면 1~2달 걸리는
경우도 있으니까 초조해 하지 말고 인내를 가지고
꾸준히 연습을 하도록!

❶ 말을 걸면서 손으로 직접 먹이 주기

❷ 손가락 끝에 먹이를 올려놓고, 사육장 안에서 주기

❸ 먹이를 손바닥에 놓고 손 위에 오르기를 기다리기

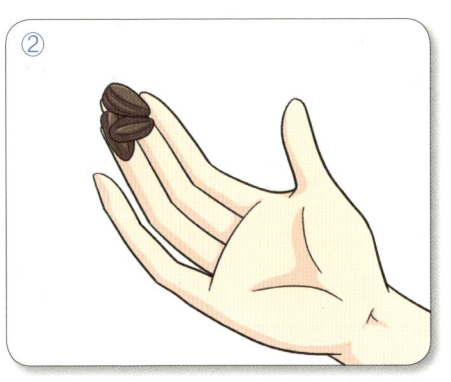

 다람쥐의 겨울나기

야생 다람쥐는 겨울잠을 자지만, 반려용 다람쥐는 겨울잠을 자게 하면 안 돼. 자칫 목숨을 잃을 수 있거든. 겨울잠을 자지 않게 하기 위해서는 실내 온도가 18도 이하로 떨어지지 않도록 유지할 것!

새끼 다람쥐는 가을에서 겨울에 걸쳐서 갑자기 공격적으로 변할 수도 있어. 하지만 봄이 되면 안정되니까 시간이 지날 때까지 가만히 내버려두는 게 좋아.

 다람쥐는 뭘 먹을까?

다람쥐는 씨앗 종류나 곡류를 주식으로 먹어. 여기에 채소나 과일, 동물성 먹이를 추가해서 주면 돼. 참, 식사는 아침에 주는 게 좋아. 주식과 간식의 비율은 5:1로!

부족하기 쉬운 단백질을 보충하기 위해 가끔 삶은 계란, 찐 멸치, 치즈, 요구르트, 밀웜과 같은 동물성 단백질을 주도록 해.

어떤 미니 돼지를 키울까?

지니의 미니 돼지 노트

돼지는 똑똑해!
돼지는 포유류 중에서 사람과 돌고래, 코끼리 다음으로 똑똑해. 개나 원숭이보다도 영리하다는 사실을 잊지 마!

미니어처 포트벨리드 피그
영어로 '배불뚝이'라는 뜻이야. 반려용 돼지로 가장 잘 알려져 있어 어때, 아주 귀엽지?

괴팅겐
독일에서 만들어진 미니 돼지야.

미니어처 줄리아나 피그
가장 작은 크기의 미니 돼지야.

 미니 돼지를 키우려면 무엇이 필요할까?

큰 케이지

중형견 이상의 개가 들어갈 수 있는 큰 케이지가 필요해.

화장실

사람들은 돼지가 지저분하다는 선입견을 가지고 있지만 돼지는 무척 깨끗하고 청결한 동물이야. 사육 장소가 넓다면 대소변을 본 곳에서는 절대 자거나 먹지 않아. 오히려 강아지보다 용변 가리기가 훨씬 쉬워. 원하지 않는 곳에 용변을 볼 경우, 그곳에 먹이를 놓아둔다면 용변 장소를 다른 곳으로 옮길 정도로 지능이 높아서 훈련이 잘돼.

장난감

돼지가 지루해 하지 않도록 장난감을 주는 게 좋아. 터널이나 은신처로 쓰이는 지름이 큰 파이프나 벽에 매달 수 있는 장난감, 고양이용 플라스틱 장난감, 고무공, 건초공 등이 좋아.

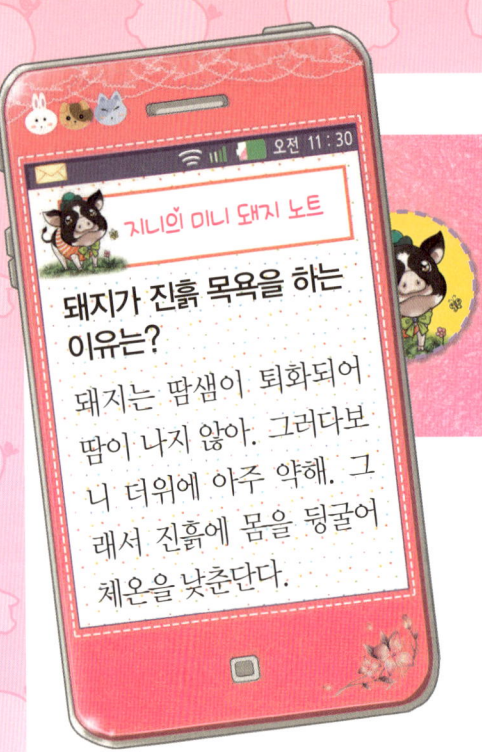

꿀꿀~ 미니 돼지 건강하게 키우기

지니의 미니 돼지 노트

돼지가 진흙 목욕을 하는 이유는?

돼지는 땀샘이 퇴화되어 땀이 나지 않아. 그러다보니 더위에 아주 약해. 그래서 진흙에 몸을 뒹굴어 체온을 낮춘단다.

① 온도 관리

미니 돼지는 낮은 기온에는 강하고 높은 기온에는 약하지만, 새끼 돼지는 피하 지방이 얇고 체온 조절 기능이 발달하지 않아서 따뜻하게 해 줘야 해.

② 곡물과 야채 위주의 식단

돼지는 신진대사(생물이 생명 유지를 위해 필요한 에너지를 얻는 과정)가 느려서 적은 양의 먹이로도 지방이 축적돼. 걸을 때 배가 땅에 닿거나 걸음이 느리고 눈이 눈꺼풀에 덮여 보이지 않으면 비만의 징후야. 미니 돼지라도 먹이 조절을 제대로 하지 않으면 정말 '돼지'가 된다는 사실!

③ 산책 전 발톱 정리

미니 돼지도 가끔은 야외에서 뛰어놀기도 하고 돌아도 다녀야겠지? 이때 주의할 게 있어. 바로 산책하기 전에 발톱 정리는 필수라는 사실! 딱딱한 아스팔트 위를 걷다가 발톱이 부러지거나 상처가 날 수 있거든.

 미니 돼지랑 어떻게 친해질까?

돼지에겐 역시 먹는 게 최고! 돼지가 좋아하는 건포도, 소금이 들어 있지 않은 견과류(호두, 밤 등)와 신선한 과일과 채소를 주면서 서서히 친해지도록 해.

돼지는 코로 흙을 헤집으면서 흙속의 동식물을 찾아 먹는 습성이 있어. 그래서 미니 돼지도 사람에게 코를 들이박는 경우가 있단다. 그러면 피하지 말고 돼지의 코를 꽉 쥐고 눌러 주면서 큰 소리로 "안 돼."라고 말하도록 해. 강아지에게 하는 복종 훈련과 비슷해.

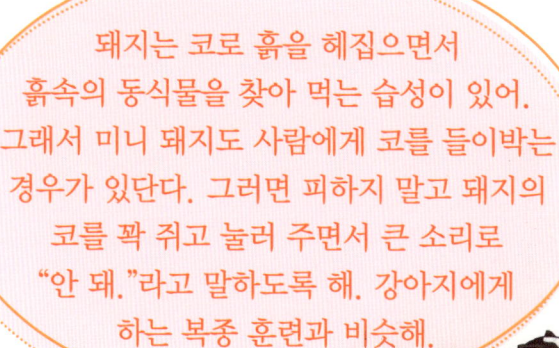

 미니 돼지 관찰 일기

6월 1일

나는 좀 겁 많은 동생이 있어.
'비비'라고 하는 반려돼지야.^^
친구들은 내가 돼지를 키운다고 하면 깜짝 놀라.
우리 학교에서 돼지를 키우는 사람은 나 혼자거든.
피비는 강아지처럼 여러 가지 재주를 부릴 수 있어.
앉아, 일어서, 기다려, 손, 굴러, 이런 것들 말이야.
놀랍게도 자기 장난감을 상자에 넣고 숨길 줄도 알아.
사람들이 돼지도 이렇게 예쁘고 똑똑하다는 걸
알았으면 좋겠어. 피비야, 난 널 사랑한단다~!

7월 7일

오늘은 피비의 몸무게와 키를 재보았어.

몸무게는 대략 50kg 정도에 키는 40cm~60cm 정도야.

처음 집에 왔을 때보다 두 배는 커진 것 같아!

엄마는 피비가 아기 때보다 못생겨졌다고 말씀하시지만

내 눈에는 여전히 귀엽고 사랑스러워.

피비는 안아달라고 하거나 배고플 때 꿀꿀 소리를 내.

이제는 많이 커서 예전처럼 무릎 위에 올리거나

번쩍 안아줄 수는 없지만, 그래도 내가 침대에 누워 있으

면 내 옆에 와서 눕는 모습이 얼마나 예쁜지 몰라!

내 사랑스러운 돼지, 돼지 꿀돼지~.

어떤 앵무새를 키울까?

지니의 앵무새 노트

앵무새의 평균 수명

♥ 사랑앵무 : 7~8년
♥ 모란앵무 : 10~15년
♥ 왕관앵무 : 20년
♥ 중형~대형 앵무 : 20~30년

사랑앵무

울음소리가 조용하고 체구가 작아서 아파트에서도 별 탈 없이 기를 수 있어. 수컷은 코 주변이 푸른빛이고 암컷은 분홍빛이야. 다른 작은 새들하고 쉽게 어울리고, 모래 목욕을 좋아해. 비교적 말도 잘하고 똑똑한 편이야.

모란앵무

털 색깔이 아름답고, 사람을 잘 따라. 암수가 한시도 떨어져 있지 않고, 서로 깃털을 골라주며 사랑을 나누는 모습 때문에 영어로 러브버드라고 해. 조용하고 튼튼해서 기르기 쉬운 편이야.

왕관앵무

머리 위에 가늘고 긴 털이 있고, 뺨에는 붉은색의 큰 원형 반점이 있어. 뺨의 붉은 반점이 진한 것이 수컷이고 암컷은 흐려. 여러 앵무새 중에서 가장 귀엽고 재롱을 잘 부리는 앵무새로 알려져 있어.

유리앵무

앵무새 중에서 가장 작은 편에 속해. 크기는 작지만 중대형 앵무처럼 발을 이용해 물건을 잡는 등의 정교한 동작을 할 수 있고, 어느 정도 말도 배울 수 있어. 단 다른 새에게는 무척 공격적이라 합사에 주의해야 해.

회색앵무

온몸이 회색이고 꽁지가 붉어. 주인을 잘 따르고, 먼발치의 발소리만 듣고도 주인을 알아보기도 해. 앵무새 중에서 가장 영리하여 약 800단어까지 언어를 구사할 수 있지. 문장까지 만들어 쓰고, 숫자 개념도 가지고 있어!

앵무새 집 예쁘게 꾸미기

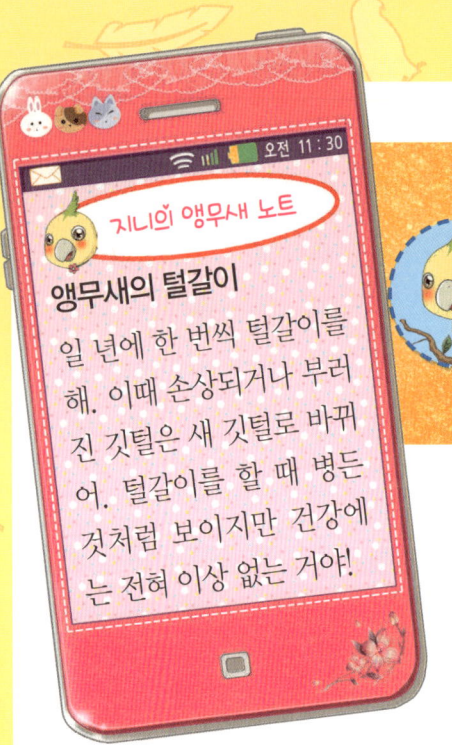

지니의 앵무새 노트

앵무새의 털갈이

일 년에 한 번씩 털갈이를 해. 이때 손상되거나 부러진 깃털은 새 깃털로 바뀌어. 털갈이를 할 때 병든 것처럼 보이지만 건강에는 전혀 이상 없는 거야!

1 편히 쉴 수 있는 횃대

횃대는 지름이 1cm 이상의 가지를 구해서 만들면 돼.

2 온도를 유지시켜 주는 난방 장치

새장의 온도는 평균 20도 전후가 좋고, 겨울에도 15도 이하로 내려가면 안 돼.

3 안전하고 다양한 장난감

앵무새에게 여러 가지 장난감을 주는 것은 먹이를 주는 것만큼이나 중요해!

4 안락한 목욕통

대부분의 앵무새는 목욕하기를 좋아하므로 물 튀는 것을 방지할 수 있는 덮개가 있는 욕조와 플라스틱 통 안에서 물을 뿌릴 수 있는 분무기를 준비하도록~.

앵무새랑 어떻게 친해질까?

앵무새에게 시킬 수 있는 가장 일반적인 훈련은 손가락에 앉게 하는 거야. 이 훈련은 반복과 인내심이 필요해~.

❶ 새장 사이로 앵무새가 좋아하는 먹이를 가져다 대보기.

❷ 손가락으로 새의 목을 살짝 건드려 보기. 앵무새는 먹는 데 열중하느라 별 신경을 쓰지 않을 거야.

❸ 손길이 익숙해지면 먹이를 매단 횃대 가까이 접근시키기. 앵무새는 처음에는 겁을 먹지만 횃대에 한 발을 올려놓을 거야. 이 동작을 계속 반복하기.

❹ 이제 횃대 대신 손가락에 앉는 훈련이야. 천천히 집게손가락을 새 가까이 접근시켜 봐. 앵무새는 곧 주인의 손가락에 앉는 것을 즐거워하게 될 거야.

❺ 주인의 손가락에 앉아 놀게 되면 그 상태 그대로 새장 밖으로 옮길 수 있어. 새가 날개를 펴려고 하면 움직이지 못하게 하고 앉혀. 앵무새를 손가락으로 날아 오르게 하기도 하고 날다가 다시 손가락에 앉는 훈련을 하도록 해!

 앵무새 건강하게 키우기

① 추위와 더위에 약해!

거의 모든 앵무새는 더운 지방에서 살아. 그래서 여름에는 20~25도, 겨울에는 15~20도 정도가 적정한 온도야.

② 환기는 자주!

왕관앵무나 회색앵무는 깃털을 보호하기 위해 파우더라고 불리는 흰색 가루를 만들어. 앵무새는 다른 동물에 비해 호흡기가 예민하기 때문에 파우더 가루에 계속 노출되면 호흡기 질환에 걸릴 수 있어.

③ 똑같은 장난감은 NO!

반복적인 놀이는 따분해 한다는 사실! 새로운 자극이 필요한 놀거리를 주어야 해.

맨날, 털뭉치. 지겨워!

④ 소음은 싫어~

앵무새는 소음에 민감해. 작은 소리에도 민감하게 반응하고 상당한 스트레스를 받을 수 있어. 앵무새를 보면서 너무 시끄럽게 떠들지 않도록!

앵무새야, 내 말 따라해 봐!

앵무새가 어렸을 때부터 입의 움직임을 강조하면서 같은 말을 반복해서 들려주면 말을 따라하게 돼. 앵무새는 단순히 말을 따라 하기만 하는 게 아니라 단어의 의미를 학습하기도 하지. 말을 잘하게 하기 위해서는 여러 마리를 기르는 것보다 한 마리만 기르는 게 좋아. 사람하고만 대화를 나누므로 말을 익히는 속도가 빨라지거든.

안녕하세요! 반가워요!

앵무새 장난감 만들기

🌸 구슬 팔찌

준비물 : 구슬 여러 개, 철사(가죽 끈, 실)

① 앵무새의 부리 크기에 맞는 구슬
② 구슬들을 철사(가죽 끈, 실)에 꿰기

🌸 휴지심 그네

준비물 : 휴지심, 휴지 여러 장, 끈

① 휴지를 잘게 찢기
② 휴지심 양 끝에 구멍 뚫기
③ 끈의 끝을 묶기
④ 구멍에 맞춰서 끈 끼우기
⑤ 잘게 찢은 휴지를 휴지심 안에 넣기

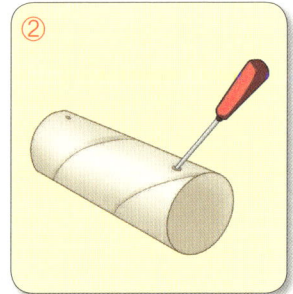
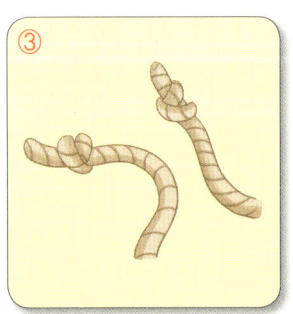
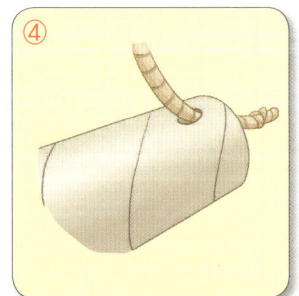

🌸 빨대 장난감

준비물 : 빨대, 운동화 끈, 가위

❶ 소형 앵무면 1.5cm, 중형 앵무면 2.5cm 정도로 빨대 자르기
❷ 잘라 놓은 빨대를 운동화 끈에 끼우기

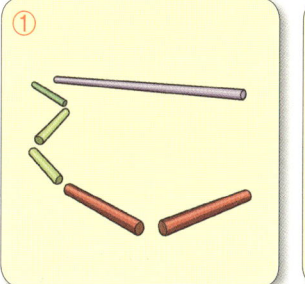
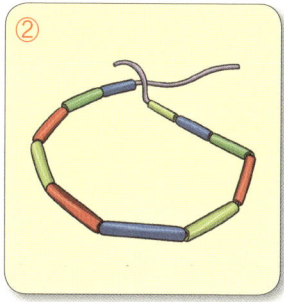

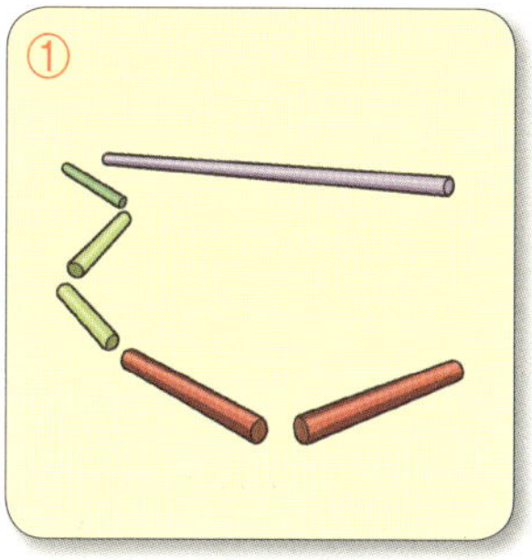

룰루~, 놀이터에서 노는 건 들거워!

노란 솜털 삐악삐악, 병아리

조류 중 사람들이 가장 먼저 기른 것은?

비둘기?

오리?

공작?

바로~ 닭!

닭은 3000~4000년 전에 말레이시아, 인도 등지에서 들닭을 길들인 거야.

우리나라는 가야 시대 유물에서 달걀껍데기가 담긴 토기가 발견되었지.

시계가 없던 옛날, 수탉은 동틀 무렵 지붕 위에 올라가 자명종 역할을 했어.

꼬끼오~ 일어날 시간이야!

 # 어떤 종류의 닭이 있어요?

지니의 병아리 노트

병아리가 아픈 신호

♥ 잠만 자고 삐악거리는 소리도 작다.
♥ 묽은 변을 싼다.
♥ 먹이를 잘 먹지 않는다.
♥ 눈곱이 누렇게 낀다.
♥ 큰 소리로 계속 울어 댄다.

긴꼬리닭(장미계)

얼굴은 붉은색을 띠며 부리는 갈색이나 황색이야. 체구는 긴 편으로 목 깃털이 풍부해. 특히 수탉은 꼬리 깃털이 잘 발달해서 매년 가을철이면 1m 정도까지 자란 후 털갈이를 해. 홰에 올라앉아 윤기 있는 검은색의 꼬리를 길게 내려뜨린 자태가 무척 위엄 있어 보이지.

레그혼

전 세계적으로 가장 널리 퍼진 닭 품종의 하나야. 성질이 예민하고 행동이 민첩해. 성장 속도가 빨라서 어릴 때부터 알을 낳는데, 암탉 한 마리가 1년에 평균 220개 이상의 많은 달걀을 낳을 수 있어.

차보

'화초닭'으로도 불리는 작은 닭이야. 평균 몸무게가 수탉이 730g, 암탉이 610g 정도밖에 되지 않을 정도로 작아. 검은꼬리차보, 곱슬차보, 바둑차보, 은세종차보, 메추리차보 등 종류가 다양해.

실크오골계

뼈는 까마귀처럼 검지만 깃털은 하얀 색이야. 강아지 털 같은 깃털이 나고, 클수록 점점 솜뭉치처럼 변해. 성질은 온화하고 온순해서 사람도 잘 따라. 암컷은 0.6~1.1kg, 수컷은 1.5kg 정도로 크기도 작은 편이야.

병아리 집 예쁘게 꾸미기

지니의 병아리 노트

겨울철 병아리 사육 주의 사항

1. 따뜻한 물 주기
2. 물에 설탕(500ml에 1티스푼 정도) 넣어 주기
3. 태어난 지 4주째까지는 반드시 따뜻한 실내에서 키우기

병아리를 기르는 데 기본적으로 필요한 물품은 열풍기와 물그릇, 모이통이야. 백열전구를 사용하면 병아리를 따뜻하게 해 줄 수 있어. 물그릇이나 모이통은 따로 구입해도 되고, 집에 있는 낮은 그릇을 이용해도 돼.

상자 준비하기

라면 상자나 리빙박스(다용도 플라스틱 박스) 등을 준비해. 라면 박스의 경우 통풍이 잘 되도록 상자의 4면에 구멍을 조금씩 뚫어 줘. 상자를 놓을 곳은 사람들의 왕래와 소음이 없는 곳, 건조하고 햇빛이 잘 들어오는 곳이 좋아. 옥상이나 마당 등에 놓아두면 천적인 쥐, 고양이, 까치에게 공격 받을 수 있으니 집 안에서 키우는 것이 안전해.

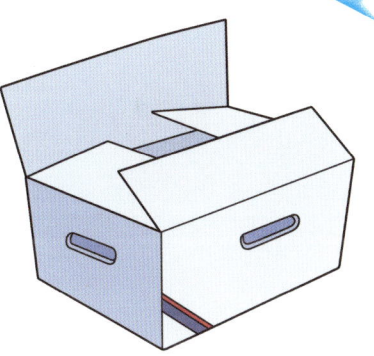

모래 깔기

상자의 바닥에 모래나 왕겨를 깔아 주면 병아리들이 알아서 먹기도 하고 목욕도 해. 신문지를 깔면 미끄러워서 병아리의 다리가 벌어질 수 있고, 다리나 깃털 등에 변이 묻을 수 있어서 위생상 좋지 않아.

따뜻하게 해 주기

병아리가 자꾸 삐악삐악 우는 건 뭔가 불만이 있다는 건데, 춥다는 신호인 경우가 많아. 병아리가 태어난 지 1주일 정도까지는 온도를 33~36도로 따뜻하게 해 줘야 되므로 바닥에서 10~15cm 위에 백열등을 설치해 주도록 해.

뽀송뽀송~ 병아리 건강하게 키우기

병아리를 잘 키우려면 이것만은 꼭 알아 두자!!

첫째, 어린 병아리는 체온 조절 능력이 충분하지 못해서 항상 몸을 따뜻하게 해 주어야 해. 병아리가 물에 빠지면 체온이 떨어져서 죽을 수도 있으므로 물그릇에 빠지지 않게 조심할 것!

둘째, 병아리가 자지 않는다는 것은 주위가 밝거나 춥다는 거야. 주위를 어둡고 따뜻하게 해 줄 것!

콕콕콕~ 병아리는 뭘 먹을까?

나는야 병아리 엄마!
맛있는 병아리 사료를
만들어 볼까?

일령	사료 배합 비율
알 깬 후 ~1일째	삶은 달걀노른자와 항생제 또는 영양제 섞은 물
2~3일	삶은 달걀노른자 50%, 찐 좁쌀 40%, 푸른 채소 10%
4일	삶은 달걀노른자 50%, 찐 좁쌀 20%, 갓 깬 병아리 배합 사료 20%, 푸른 채소 10%
5일	삶은 달걀노른자, 찐 좁쌀 30%, 갓 깬 병아리 배합 사료 50%, 푸른 채소 10%
6~7일	갓 깬 병아리 사료와 채소를 잘게 썰어서 충분히 주기
8일부터 보온을 끝낼 때까지	갓 깬 병아리 사료 무제한 주기

 병아리 관찰 일기

5월 1일

우리 집에 새 식구가 생겼어.
노란 병아리 한 마리가 내 방에서 살게 됐지.
보드라운 깃털에 작은 부리, 초롱초롱한 눈이 인형처럼
귀여워. 병아리의 이름은 '노랑이'라고 지었어.
노랑아, 무럭무럭 자라렴!

5월 7일

노랑이가 하루하루 쑥쑥 크고 있어.
제법 몸이 커져서 상자에서 자꾸 나오려고 해.
오늘은 간식으로 으깬 달걀노른자와
지렁이를 주었는데, 어머나
하나도 남김없이 싹싹 먹었어.

5월 10일

이번에 선생님께서 '우리 집에서 키우는 생물 조사해 오기'를 숙제로 내주셨어.
나는 당연히 노랑이에 대해서 쓰기로 했지.
노랑이는 우리 집 반려동물이니까. ^^
반려용 닭을 키우면 좋은 이유에 대해서 생각해 보았어.

① 관리가 쉽고 저렴하다.
② 신선하고 영양가 풍부한 알을 얻을 수 있다.
③ 화학 약품 없이 벌레와 잡초를 제거할 수 있다.
④ 닭의 변은 훌륭한 비료가 될 수 있다.
④ 부모님과 함께 병아리 집도 만들어 주면서 소중한 추억을 만들 수 있다.

 # 어떤 거북을 키울까?

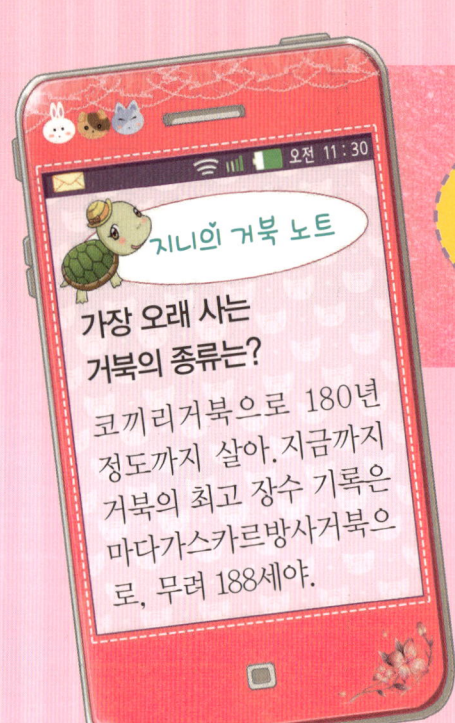

지니의 거북 노트

가장 오래 사는 거북의 종류는?

코끼리거북으로 180년 정도까지 살아. 지금까지 거북의 최고 장수 기록은 마다가스카르방사거북으로, 무려 188세야.

페닌슐라쿠터

일광욕을 좋아하고, 물 온도는 28~29도 정도를 좋아해. 짙은 초록색에 노란색 줄무늬가 뚜렷해. 수명은 40년 정도이고, 크기는 일반적인 반수생 거북보다는 큰 30cm 정도야.

설카타육지거북

세계에서 세 번째로 크게 자라는 육지 거북이야. 수명은 50년 이상이고, 다른 거북에 비해 월등하게 튼튼해. 활동량이 많아서 실내에서 평생 기르는 것은 무리야.

페인티드터틀

'페인티드 터틀(그림 거북)'이라는 이름처럼 바탕색과 붉은색의 대비가 강렬해서 화려하고 아름다워. 우리나라에서 가장 쉽게 구할 수 있는 반수생 거북이야. 8~15cm의 작은 크기에 비해 상당히 활동적이고 행동이 재빨라.

별거북

등갑에 별 모양의 무늬가 있어서 붙여진 이름이야. 육지 거북 중에서 반려용으로 가장 많이 기르고 있어. 성체의 몸길이가 15~25cm 정도로 작은 편으로, 채소를 즐겨 먹어.

다이아몬드백테라핀

'가장 아름다운 반수생종'이라는 별명이 있을 만큼 하얀 얼굴과 선명한 점무늬가 매력적이야. 머리 위에 다이아몬드형 무늬가 있어. 사람을 잘 따르고 먹이를 달라고 보채기도 해.

*반수생 동물 : 반은 물에서 반은 육지에서 사는 동물

거북 집 예쁘게 꾸미기

지니의 거북 노트

거북을 손으로 잡을 때

위에서 등판을 쥐어야 해. 함부로 다루다가 바닥에 떨어뜨리면 몸속 내장에 커다란 영향을 미칠 수 있어. 거북을 만진 후에는 손을 씻을 것.

수조 준비하기

커다란 수조를 준비하여 바닥에 약간의 경사가 지도록 육지를 만들어 줘. 물의 깊이는 거북 몸의 약 2배 정도면 좋아. 금붕어를 키우는 것처럼 이것저것 너무 많이 넣는 것은 좋지 않아. 거북이 있을 공간도 좁아지고 거북에게 스트레스를 주거든.

자갈 깔기

육지에는 깨끗하고 굵은 모래나 작은 크기의 자갈을 깔아 줘. 거북이 삼킬 수도 있기 때문에 자갈은 큰 것이 좋아. 흰색 자갈은 거북의 눈에 안 좋으므로 검은색 자갈을 사용할 것.

물

거북은 감기 및 폐렴에 약해. 수질 오염에는 비교적 강한 편이지만 수온 변화에는 민감한 편이야. 물의 온도는 23도에서 30도 사이를 유지하는 게 좋아. 25도를 적정 온도라고 생각하면 돼.

여과기

여과기는 물이 더러워지는 것을 늦춰 주고 물을 맑게 해 줘.

휴식할 수 있는 돌

거북이 수시로 육지로 나와 돌 위에 올라가 휴식을 취할 수 있게 해 줘야 해. 거북은 육지에 올라와서 몸을 따뜻하게 하고 물속에 들어가서 열기를 식히는 식으로 체온을 조절하거든.

스팟램프

거북은 등딱지가 물러지지 않도록 하루에 30분~1시간 정도 일광욕을 해 주어야 해. 햇빛을 받을 수 없는 환경이라면 열 전구를 이용해도 돼. 일광욕을 하지 못하면 어린 거북의 경우 등이 부드러워지고 변형이 되거나 관절이 부어서 사지가 휘어질 수 있어. 어른 거북도 등판 한 곳이 움푹 들어갈 수 있으니 주의할 것!

수초

거북은 어둡고 구석진 곳을 좋아해서 숨을 곳을 마련해 주는 것이 좋아.

우적우적~ 거북은 무엇을 먹을까?

거북은 잡식성이기 때문에 고기와 채소 등 무엇이든지 잘 먹어. 육식성이 강한 거북에게는 말린 실지렁이나, 마른 멸치나 참치 등의 생선, 닭고기나 삶은 달걀 등을 곱게 썰어 주어도 좋아. 이것저것 다양하게 주면서 어떤 것을 더 좋아하는지 알아보는 것도 괜찮아.

뭐예요? 내가 좋아하는 참치?

거북 관찰 일기

4월 1일

거북이 우리 집에 온 지 3일째.
이름은 '꼬북이'라고 지었어.
꼬북이는 아침에 일어나자마자 바로 밥그릇으로 달려가.

4월 9일

오늘은 날씨가 화창해서 꼬북이에게 일광욕을 시켰어.
꼬북이는 기분이 좋은지 바위에 찰싹 붙어 있었어.

4월 18일

꼬북이가 날 알아보는 것 같아. 날 보면 물속에서도 내가
있는 쪽으로 헤엄쳐오거든. 눈높이를 맞춰서 바라보면 꼬북이도
제자리 헤엄치면서 날 쳐다 봐. 내가 반대쪽으로 가면
또 그쪽으로 달려와서 날 쳐다봐. 정말 귀여워!

5월 3일

거북은 수명이 길대. 잘 돌봐 주기만 하면 꼬북이는 내가 어른이
될 때까지 같이 지낼 수 있을 거야. 내가 꼬북이를 만나
행복한 것처럼 꼬북이도 나를 만나 행복했으면 좋겠어.

그린이구아나와 친구들

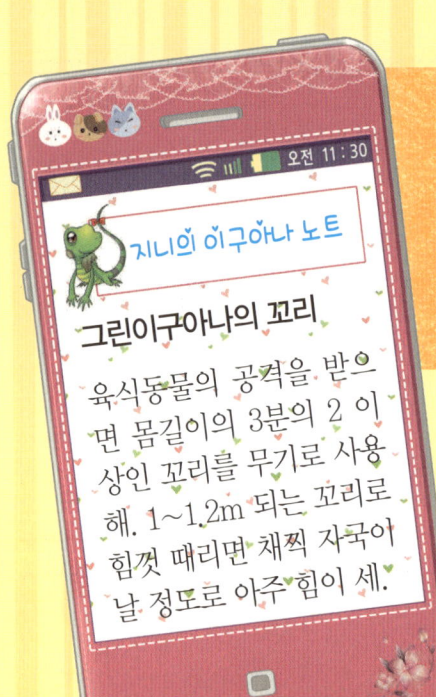

지니의 이구아나 노트

그린이구아나의 꼬리

육식동물의 공격을 받으면 몸길이의 3분의 2 이상인 꼬리를 무기로 사용해. 1~1.2m 되는 꼬리로 힘껏 때리면 채찍 자국이 날 정도로 아주 힘이 세.

그린이구아나

전 세계적으로 가장 인기 있는 반려 도마뱀. 어릴 때는 몸이 밝은 초록색이었다가 나이가 들면서 황갈색으로 변해. 몸도 2m 가까이 커져.

데저트이구아나

데저트이구아나는 튼튼한 몸통과 긴 꼬리, 작은 머리를 가지고 있어. 다른 도마뱀보다 고온에 강해서 한낮의 가장 뜨거운 시간에도 활발히 활동해.

블랙스파니테일이구아나
(검은가시꼬리이구아나)

꼬리의 날카로운 가시 때문에 검은가시꼬리이구아나로 불려. 갓 태어난 새끼는 회갈색이지만 곧 밝은 초록색으로 변하고, 자라면서 다시 회색으로 변해. 나무 위보다 주로 땅에서 지내며, 작은 무리를 지어 생활해.

바다이구아나

도마뱀 중 유일하게 바다에서 살 수 있어. 갈라파고스 섬에만 사는 바다이구아나는 튼튼하고 납작한 꼬리 덕분에 바닷속을 자유롭게 헤엄칠 수 있어. 10m 높이에서 물속으로 뛰어들 수 있고, 주로 해초를 먹어.

갈라파고스 육지이구아나

갈라파고스 군도의 육지에서 지상에 둥지 구멍을 파고 선인장이나 과일 등을 먹고 살아. 섬에 외래종이 들어오고 서식지 파괴 및 사람들의 무분별한 포획으로 위기에 놓여 있어.

그린이구아나 집 예쁘게 꾸미기

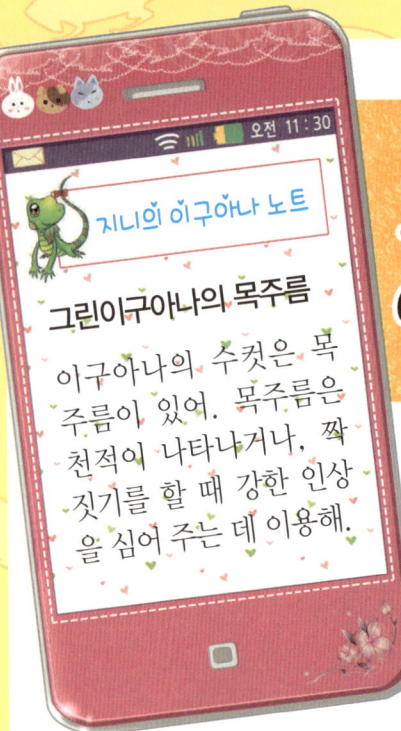

지니의 이구아나 노트

그린이구아나의 목주름

이구아나의 수컷은 목주름이 있어. 목주름은 천적이 나타나거나, 짝짓기를 할 때 강한 인상을 심어 주는 데 이용해.

넓은 사육장

새끼 그린이구아나는 1년쯤 지나면 몸길이가 60cm 정도 되고 2년쯤 지나면 1.5~1.8m까지 자라. 그러므로 사육장은 충분히 넓은 것을 준비하도록. 사육장의 위치는 바닥보다는 이구아나가 위에서 아래로 내려다 볼 수 있는 높은 곳에 두어야 심리적으로 안정감을 느낄 수 있어.

싱싱한 나뭇가지

나뭇가지는 이구아나가 올라가서 쉬거나 일광욕을 하기 위해 필요해. 나뭇가지를 넣어 줄 때는 반드시 싱싱하고 독성이 없는 것을 골라야 해.

은폐 상자

낯선 곳에 처음 온 이구아나는 불안해 하기 때문에 숨을 곳을 마련해 주는 게 좋아. 2주 정도 후 없애면 돼.

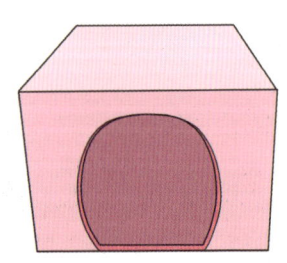

고운 모래가 담긴 배변용 접시

사육장 안에 고운 모래가 담긴 배변용 접시를 넣어 주면 대부분 이곳에 배변을 봐. 대신 접시는 자주 닦아 줄 것.

목욕 그릇

사육장에는 항상 신선한 물이 담긴 접시가 놓여 있어야 해. 이구아나는 미지근한 물에 몸을 담그는 걸 좋아하거든. 몸 크기에 맞는 물 접시를 준비해 줘~.

바닥재

바닥에는 카펫이나 토끼풀 등을 깔아 줘. 종이나 대팻밥 등을 사용해도 되지만 대신 지저분해지면 바로 버리고 다시 깔아 주도록!

일광욕 중이야.

그린이구아나는 뭘 먹을까?

어린 이구아나는 동물성 먹이도 많이 먹지만 어른이 되면 거의 식물성 먹이를 먹어. 그리고 1주일에 한 번 칼슘과 비타민을 주고, 물을 충분히 먹게 해야 돼. 풀을 많이 먹을수록 물도 잘 먹어야 하거든!

동물성 먹이 10%
과일 20%
초록색 채소 20%

- **초록색 채소** : 청경채, 배추, 무청, 클로버, 민들레, 애호박, 치커리
- **과일** : 무화과, 사과, 배, 멜론, 망고, 파파야
- **동물성 먹이** : 귀뚜라미, 슈퍼웜, 달걀흰자

그린이구아나 관찰 일기

3월 1일

새로 온 이구아나 '하나'가 낯설어서 그런지 겁을 먹고 잘 안 움직여. 하지만 큰 소리가 나면 재빨리 움직이지. 책에서 읽은 대로 이구아나와 친해지기 위해서 목 부분을 살며시 잡고 천천히 쓰다듬었더니 눈을 지그시 감고 만족스러운 표정을 지었어. 정말 신기해! 빨리 친해져야지!

3월 15일

가끔 분무기로 미지근한 물을 뿌려주면 하나가 아주 좋아해. 얼굴에 뿌리면 놀라니까 공중에서 안개처럼 뿌려 주고 있어. 그러면 하나는 머리와 꼬리를 들고 나뭇가지나 잎에 맺힌 물방울을 먹기도 해. 하나를 보고 있으면 시간 가는 줄을 모르겠어. 하나야~, 고마워! 사랑해♡

3월 22일

2주일 동안 매일 하나의 목 부분을 쓰다듬어 주었더니 이제 나를 피하지 않아. 내가 만지면 느리게 움직이면서 나를 쳐다보는 모습이 사랑스러워. 누군가 나를 믿어 준다는 것은 기분 좋은 일이야~.

레오파드게코 도마뱀의 종류는 다양해!

지니의 도마뱀 노트

레오파드게코의 먹이

귀뚜라미나 슈퍼웜 등을 먹는 육식성이야. 참, 칼슘을 꼭 먹여야 해. 먹이에 뿌려 주거나 직접 핥아먹을 수 있도록 얕은 그릇에 담아 두도록 해~.

노말

야생의 원종을 뜻해. 현재 노말이라고 유통되는 종들은 기본 색상은 더 밝아졌지만 원종의 특징을 그대로 가지고 있어.

캐롯테일(당근색 꼬리)

당근 색상과 같은 붉은색이 꼬리부분에 나타나는 종을 말해. 꼬리에 최소 15% 이상 색이 나타날 경우 캐롯테일이라고 할 수 있어.

하이옐로우

야생의 원종에서 검은색의 표범무늬가 적어졌거나. 몸 전체가 보다 밝은 색을 띠는 종이야. 노말보다는 전체적으로 밝은 노란색을 띠어.

선글로우

머리 부분에 밝은 오렌지 빛의 무늬가 있고, 전체적으로 밝은 노란색의 몸통에 진한 캐롯테일(당근색 꼬리)을 가지고 있는 아름다운 종이야.

맥스노우

레오파드게코에서 보이는 노란색이나 오렌지계열의 색을 줄이거나 제거한 종이야. 주로 창백한 흰색과 검은색이 두드러지는 것이 특징.

레오파드게코 도마뱀의 집 예쁘게 꾸미기

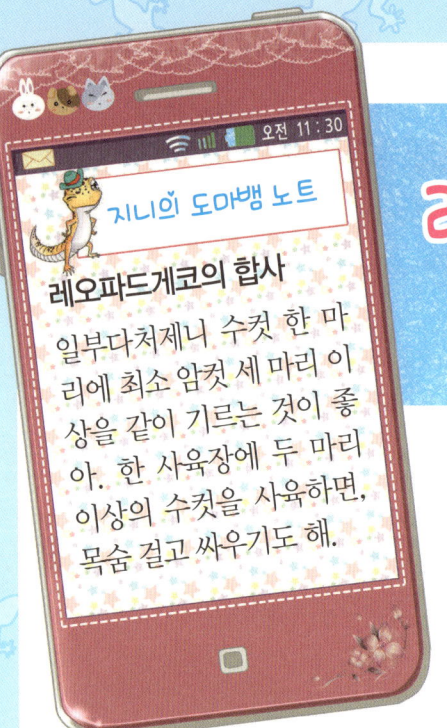

지니의 도마뱀 노트

레오파드게코의 합사

일부다처제니 수컷 한 마리에 최소 암컷 세 마리 이상을 같이 기르는 것이 좋아. 한 사육장에 두 마리 이상의 수컷을 사육하면, 목숨 걸고 싸우기도 해.

넓이가 넓은 사육장

레오파드게코도마뱀은 벽을 타는 도마뱀이 아니라서 위로 높은 것보다 넓이가 넓은 사육장을 준비하도록 해.

저면 히팅 패드

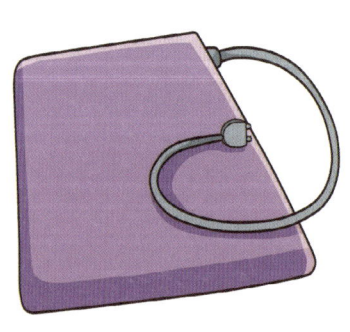

레오파드게코도마뱀은 야생에서 낮 동안 데워진 지표면의 열로 체온을 유지하므로, 저면 히팅 패드로 사육장의 1/3가량을 데워 주고 사육장의 한 곳은 35도 정도 되도록 만들어 줘. 이렇게 해 주면 25~27도 정도의 시원한 곳과 35도 정도의 따뜻한 곳을 오가면서 체온을 조절할 수 있어. 사육장 전체가 고온이면 쉽게 약해져서 위험해!

바닥재

어릴 때는 바닥에 모래를 깔면 모래를 먹고 아플 수 있어. 어릴 때는 파충류 전용 바닥 매트를 이용하고, 어른이 되면 모래나 파충류용 카펫, 부직포를 깔아 주도록 해.

은신처

사육장에는 최소한 두 개의 은신처가 필요해. 은신처 하나는 습한 은신처로, 마른 이끼 등을 넣어서 습도를 유지시켜 주도록 해. 습한 은신처는 알을 낳거나 탈피를 하는 데 무척 도움이 돼. 습한 은신처는 레오파드게코도마뱀에게 오아시스 같은 곳이야. 한마디로 35도의 더운 곳에는 건조한 은신처를, 25도의 시원한 곳에는 습한 은신처를 놓는 것이 좋아.

오호, 딱돌아~!

레오파드게코 도마뱀 건강하게 기르기

건강한 레오파드게코는
4주에 한 번 정도 탈피를 해.
탈피 기간에는 사육장 안에 습한 은신처가 꼭 필요해.
탈피할 때 습도가 낮으면 탈피되는 피부 조직이
말라붙어서 탈피가 제대로 안 되거든.
탈피가 끝나면 탈피 껍질을 스스로 먹어 버린단다.
미처 벗지 못한 탈피 껍질을 몸에 붙이고 있으면,
미지근한 물이 담긴 플라스틱 통에
30분 정도 넣어 주고 핀셋으로
조심스럽게 제거하면 돼.

레오파드게코 도마뱀 건강하게 기르기

9월 3일

내 별명은 파충류 소녀야. 도마뱀 세 마리를 키우거든.
많은 사람들이 반려동물하면 개나 고양이, 햄스터를 떠올리지만,
나는 도마뱀이 제일 좋아. 레오파드게코의 얼굴은 아기처럼 생겨서
귀여워.
이름은 '팔팔이' '용팔이' '해피'야.
팔팔이와 용팔이는 부모님께서 사 주셨고, 해피는 친구가 더 이상
못 키우게 되어서 내가 키우게 되었어.
해피는 많이 먹어서 별명이 '돼지파드게코'지만, 무럭무럭 자라줘서
기뻐. 도마뱀들의 먹이를 사려면 용돈이 꽤 많이 들지만 삼총사가
맛있게 밥먹는 모습을 생각하면 내가 엄마가 된것처럼 아주 뿌듯해~

어떤 금붕어를 키울까?

지니의 금붕어 노트

물 갈아주기 팁

수돗물은 24시간 정도 받아 두었다가 염소가스를 증발시킨 다음에 사용할 것. 적은 양의 염소도 금붕어에겐 치명적일 수 있어.

화금붕어

흔히 볼 수 있는 일반적인 금붕어로 초보자들이 기르기 좋은 금붕어야. 금붕어 중에서 붕어와 가장 가까운 형태라서 움직임이 빠르고 생명력도 강한 편이야. 지금의 금붕어 품종은 모두 화금붕어로부터 나온 거야.

유금붕어

화금붕어와 함께 널리 사육되는 대표적인 금붕어. 얼룩 반점이 선명하고 긴 지느러미를 흔들면서 우아하게 헤엄치지.

툭눈금붕어

몸은 유금붕어처럼 비교적 짧고 눈알이 크고 옆으로 튀어나온 것이 특징이야. 눈이 클수록 우량 품종이야.

화란사자머리붕어

유금붕어에서 변한 품종. 머리에 혹 같은 것이 달려 있고 유금붕어처럼 긴 지느러미를 가지고 있어. 생후 1년 정도는 아주 작아서 눈에 잘 보이지 않지만 2~3년 지나면 눈에 띄게 성장해.

진주린

솔방울처럼 몸이 둥근 진주린은 비늘이 진주를 붙인 것 같다고 해서 붙여진 이름이야. 하늘거리는 하얀 지느러미에 진주 같은 비늘이 우아하고 고급스러워.

금붕어 어항 예쁘게 꾸미기

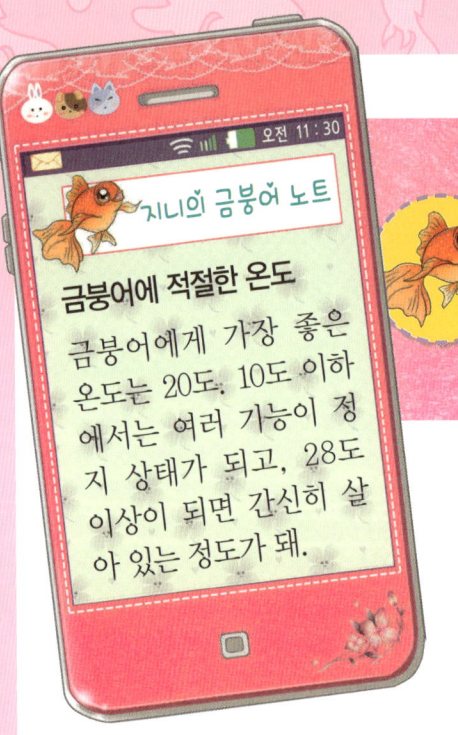

지니의 금붕어 노트

금붕어에 적절한 온도

금붕어에게 가장 좋은 온도는 20도. 10도 이하에서는 여러 기능이 정지 상태가 되고, 28도 이상이 되면 간신히 살아 있는 정도가 돼.

네모난 어항

모양이 예쁘다고 둥근 어항을 사면 안 돼. 물고기의 시력이 약해지고, 사각형 어항보다 산소 공급이 제대로 되지 않거든.

공기 펌프

공기 펌프는 어항에 공기 방울을 공급하는 기구야. 물속에 산소를 적절한 수준으로 공급해 주고, 여과기에 물이 흐르도록 도와주지.

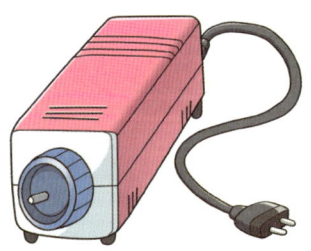

모래 또는 자갈

모래가 있어야 금붕어의 똥이 모래에 가라앉아서 물이 깨끗해져. 염색된 것이나 흰색은 피하고 검은색 종류의 모래나 자갈을 5cm 이상 깔아 주도록 해.

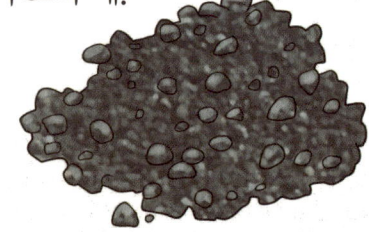

여과기 물고기의 배설물에 들어 있는 암모니아를 분해하는 역할을 해.

수초 물고기가 숨을 장소야. 플라스틱 수초로 대신해도 괜찮아.

뚜껑 뚜껑을 설치하면 물고기가 어항 밖으로 튀어 나가는 것을 방지하고, 물이 증발하는 속도도 줄일 수 있어.

조명 금붕어의 색을 돋보이게 하고, 수초에 에너지를 공급해.

수온계 작은 어항이나 실외에서 키울 경우 수온계는 필수야!

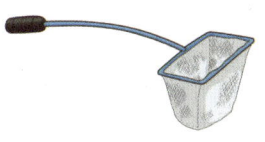

뜰채 금붕어를 안전하게 건져내기 위한 장비야.

빵긋빵긋~ 금붕어 건강하게 키우기

❶ 정기적으로 부분 물갈이를 할 것

❷ 모래(검은색)를 5cm 이상 깔아 줄 것

❸ 여과 장치가 잘 작동하는지 확인할 것

❹ 살 수 있는 공간을 충분히 제공할 것

❺ 서로 어울리는 물고기를 넣을 것

 금붕어 관찰 일기

1월 29일

아빠가 금붕어 두 마리를 가지고 오셨어. 내가 이름을 지어 줬는데, 노란빛이 나는 금붕어는 금동이, 은빛이 나는 금붕어는 은동이라고 지었어. 금실 같은 비늘에 공작새 같은 지느러미를 나풀거리면서 잠시도 쉬지 않고 움직여. 금붕어를 보고 있으면 마음이 편안해지는 것 같아.

2월 25일

손가락만하던 금동이, 은동이가 손바닥만해졌어. 머리에 혹도 생기고, 몸도 동글동글 통통해졌어. 내가 물 위에 손을 갖다 대면 쪼르르 달려오는데, 슬쩍 만져도 도망가지 않고 부비부비를 하기도 해. 금붕어가 이렇게 사람을 잘 따르는 줄 몰랐어! 아, 귀여워.

알록달록~ 물속 요정, 구피

 어떤 구피를 키울까?

지니의 구피 노트

구피 잘 키우는 법 3가지

♥ 최대한 자주 먹이 주기

♥ 물갈이를 일정한 간격으로 자주 하기

♥ 많은 수의 구피를 한 어항에 넣지 않기

구피는 전 세계적으로 많은 품종이 있어. 지금도 새로운 품종의 구피가 계속 나오기 때문에 구피의 이름을 다 아는 사람은 아마 없을 거야. 그래서 몸통, 꼬리지느러미 등의 무늬와 색으로 구분해.

색에 따른 분류

- 그레이 : 몸이 붕어와 비슷한 색상인 것
- 골든 : 멜라닌 색소로 몸이 금색인 것
- 타이거 : 비늘 바깥쪽에 검은 테두리가 있는 것
- 화이트 : 몸이 흰색인 것
- 알비노 : 눈의 색이 짙은 포도주색인 것
- 메탈 : 이마에 금속성 색상을 나타내는 것. 몸 전체에 있으면 플래티넘이라고 해.

몸통 무늬에 따른 분류

- ● 턱시도 : 턱시도 옷을 입은 것 같은 무늬인 것
- ● 코브라 : 뱀 무늬와 비슷한 무늬를 갖고 있는 것

꼬리지느러미 무늬에 따른 분류

- ● 솔리드 : 한 가지 색상이거나 무늬가 없는 것
- ● 글라스 : 꼬리에 작은 점들이 많거나 투명한 것
- ● 갤럭시 : 일정한 규칙 없이 굵은 점이 있는 것
- ● 레오파드 : 표범무늬와 비슷한 것

스워드테일

수컷의 꼬리지느러미의 아래쪽이 칼과 같은 모양으로 길게 돌출되어 있어.

플라밍고구피

홍학과 비슷한 몸 색깔을 가지고 있어.

델타모자이크구피

꼬리지느러미를 크게 하고 색채와 무늬를 호화스럽게 개량한 품종.

블루글라스

꼬리가 공작새 같고, 작고 까만 점들이 퍼져 있어.

구피 어항 예쁘게 꾸미기

지니의 구피 노트

구피 이름의 유래는?

구피를 두 번째로 발견한 영국의 식물학자 '레크미어 구피'의 이름을 따서 지었어. 첫 번째 발견한 사람은 에스파냐의 '드 필리포'라는 사람이야.

히터

히터를 사용하면 물이 식지 않고, 외부의 공기가 차가워져도 일정하게 온도를 유지시킬 수 있어. 구피에게 알맞은 온도는 25~28도 정도야.

물갈이

한두 달에 한 번 꼴로 갈아 주되, 어항의 절반 정도는 남기고 새로운 물을 채워 넣어. 6개월에 한 번쯤은 전체 청소를 하고 물을 완전히 바꾸어 줘. 움직임이 둔해 진 병든 물고기는 즉시 다른 물고기와 격리하고, 오래된 수초는 잘라내는 등 꾸준한 관리가 필요해.

뜰채

어미 구피가 새끼들을 낳으면 즉시 건져서 분리하도록! 그렇지 않으면 다른 구피들의 먹이가 돼.

구피의 산란

구피는 배 속에서 알을 부화시킨 뒤에 새끼를 낳는데, 보통 한 달에 한 번꼴로 약 20~50마리를 낳아. 작은 배에서 무수한 새끼들이 줄줄이 태어나는 광경을 볼 수 있어. 구피를 비롯한 열대어들은 새끼를 낳으면 잡아먹곤 해. 이것은 새끼라고 인식을 못하고 그냥 먹이로 생각하기 때문이야. 따라서 출산이 다가와 배가 빵빵해진 구피는 다른 수조로 옮겨서 산란시키는 게 좋아.

임신 후 구피의 변화

❶ 배 아래에 검은 반점이 나타나.

❷ 알이 커지면서 배 아래 전체가 검은빛을 띠어. 배를 자세히 보면 새끼들의 눈이 보여.

❸ 검은색이 더 진해지고, 배가 사각 모양이 되면 곧 출산이 임박한 거야!

씽씽쌩쌩~ 구피 건강하게 키우기

물고기를 잘 키우려면 무엇보다도
물을 잘 갈아 주는 것이 중요해.
물갈이는 '조금씩 자주'가 포인트! '하루에 종이컵 한 컵' 분량,
이런 식으로 조금씩 자주 물갈이를 해 줘. 실내에서 자연 건조되는
분량도 있으므로, 줄어든 물의 양이 한 컵이라면 한 컵 빼고
두 컵을 보충하는 식으로 물갈이를 하면 돼.

구피 관찰 일기

7월 29일

작년 여름이 끝나갈 무렵 우리 집에 구피 친구들이 왔어. 암컷 구피는 '까칠이' 수컷 구피는 '촐랑이'야.
촐랑이는 늘 까칠이를 졸졸 따라다니고, 까칠이는 귀찮다고 피해 버려.
구피들이 우리 집에 온 이후로 우리 가족은 모두 구피 사랑에 빠졌어. 아빠, 엄마는 구피들이 사는 수족관 물갈이와 청소를 열심히 해 주시고 수족관을 자주 들여다보셔.
나는 아침마다 눈을 뜨면 제일 먼저 구피들에게 먹이를 챙겨 주지. 뚜껑을 열기만 하면 구피들이 먹이를 주는 줄 알고 모두 물 위로 올라와.
까칠이는 얼마 전에 새끼들도 낳았어. 그런데 까칠이가 새끼를 낳는 동안 유리벽에다 머리를 부딪치기도 하고 꼬리를 심하게 흔들기도 했어. 새끼를 낳고 나자 풍선같이 부풀었던 몸이 멸치처럼 작아졌고, 까칠이는 어항 바닥에 죽은 듯이 엎드려 있었어. 아기를 낳는 건 물고기도 많이 힘든가 봐. ㅠㅠ

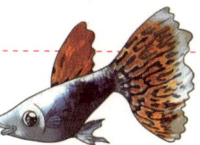

긴 뿔이 울끈불끈, 장수풍뎅이

유충?
성충?

유충은 알에서 부화한 애벌레야.

성충은 다 자란 곤충을 말해.

곤충을 구입할 때는 유충이나 성충을 고르면 키우는 재미를 느낄 수 있어.

곤충은 지구에서 가장 숫자가 많아.

그중 3분의 1이 딱정벌레들이야.

어떤 장수풍뎅이를 키울까?

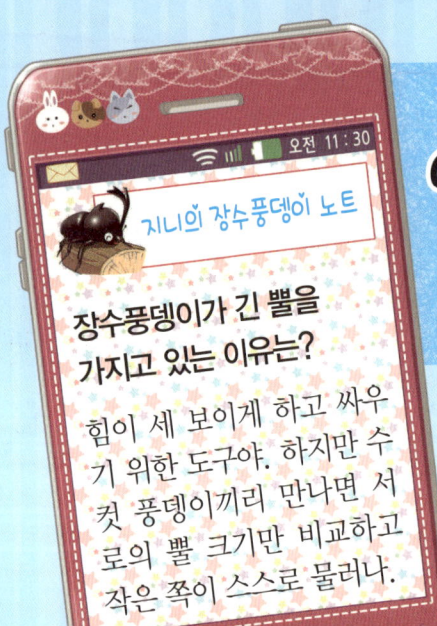

지니의 장수풍뎅이 노트

장수풍뎅이가 긴 뿔을 가지고 있는 이유는?

힘이 세 보이게 하고 싸우기 위한 도구야. 하지만 수컷 풍뎅이끼리 만나면 서로의 뿔 크기만 비교하고 작은 쪽이 스스로 물러나.

코카서스 장수풍뎅이

동남아시아에 서식하는 아시아 최대의 장수풍뎅이. 3개의 긴 뿔을 가지고 있고 힘도 세. 해발 1000m 정도의 높은 곳에서 서식하기 때문에 더위에 약해. 따라서 한여름에도 25도가 넘지 않게 관리해야 해.

헤라클레스 장수풍뎅이

장수풍뎅이 중에서 크기가 가장 커. 수컷 46~178mm, 암컷 47~80mm이며, 몸무게는 약 40g이야.

수컷

암컷

넵튠장수풍뎅이

세계에서 두 번째로 큰 장수풍뎅이 종. 넵튠은 로마 신화에 등장하는 바다의 신 '넵투누스'를 의미해. 머리에 난 뿔이 가슴에 난 뿔의 크기와 비례해서 자라는 것이 특징. 성충의 수명은 대략 1년 정도고 암수의 모양이 달라.

아틀라스장수풍뎅이

수컷의 크기는 대략 60~130mm. 아틀라스장수풍뎅이 수컷은 다른 수컷과 싸우는 데 특화되어 있는 뿔과 흉각을 가지고 있어. 이것은 번식기에 암컷을 차지하기 위해서 다른 수컷과 경쟁하기 때문이야.

악테온장수풍뎅이

장수풍뎅이 중에서 뿔 부분을 제외한 몸체 부분이 가장 크고 뚱뚱해. 전체적으로 검은색을 띠며 광택은 약한 편이야. 남미 대륙 거의 전역에 분포하는 흔한 종으로, '악테온'은 그리스 신화에 등장하는 사냥꾼을 뜻해.

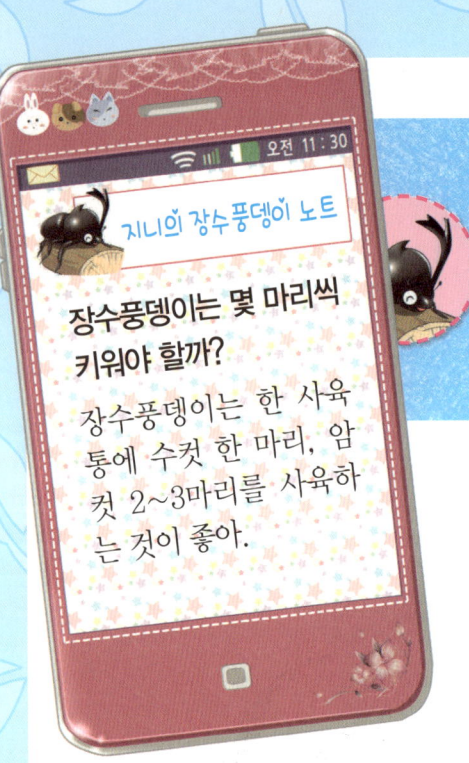

장수풍뎅이 집 예쁘게 꾸미기

지니의 장수풍뎅이 노트

장수풍뎅이는 몇 마리씩 키워야 할까?

장수풍뎅이는 한 사육통에 수컷 한 마리, 암컷 2~3마리를 사육하는 것이 좋아.

사육장

곤충의 생태 관찰을 위해 주로 투명 플라스틱 용기를 사용해. 되도록 큰 사육통을 사용하는 것이 좋아.

놀이나무

나무 젓가락을 비롯하여 나무 소재라면 무엇이든 오케이. 장수풍뎅이는 뒤로 뒤집히면 혼자 일어나지 못해. 이 상태로 2시간 정도 지나면 죽을 수도 있어. 놀이나무는 이렇게 뒤집혔을 때 잡고 일어날 수 있는 역할을 하는 사육용품이야.

곤충 젤리

장수풍뎅이, 사슴벌레 같은 성충의 먹이로 쓰여. 곤충의 생명 유지에 필요한 동식물성 단백질, 콜라겐, 비타민 등이 들어 있어.

발효 톱밥

장수풍뎅이에게 꼭 필요한 제품. 톱밥은 수분을 저장하는 성질이 있어서 사육장 안의 습도를 일정 수준 유지시켜 주는 역할을 해. 성충은 참나무 수액을 먹지만 애벌레는 톱밥을 먹어. 따라서 톱밥 속에 낳은 알이 부화하면 자연스럽게 사육장 안에 있는 톱밥을 먹이로 성장하게 되는 거야.

먹이나무

곤충 젤리를 넣을 수 있는 구멍이 뚫린 나무로, 깨끗한 사육 환경을 유지시켜 주는 데 꼭 필요한 용품이야. 장수풍뎅이는 힘이 좋아서 먹이를 그냥 넣어 주면 뒤집어엎곤 해. 그러면 사육장 안에 곰팡이나 세균이 늘어나거나, 진드기 및 초파리가 꼬일 수 있어. 그것을 방지하기 위해 먹이나무를 넣어 주는 거야.

으샤으샤~ 장수풍뎅이 건강하게 키우기

장수풍뎅이는 야행성이기 때문에 직사광선이 드는 곳에서 사육하면 좋지 않아. 직사광선을 많이 쬐면 눈이 하얗게 변해 장님이 될 수 있거든. 사육장은 서늘하고 그늘진 곳에 놓고 온도는 항상 25℃ 정도를 유지해야 해!

성충은 곤충젤리나 바나나 같은 수분 많은 과일을 주면 돼. 과일은 밤에 장수풍뎅이가 활동을 시작할 즈음 넣어 주고, 다음 날 아침 장수풍뎅이가 톱밥 속으로 들어가면 바로 빼줘! 오래 두면 초파리나 개미 등을 끌어모아 사육장이 오염돼.

 장수풍뎅이 관찰 일기

3월 1일
장수풍뎅이의 알이 10일 만에 부화했어. 유충은 하얗고 통통한데 조그만 게 정말 많이 먹어. -.-

9월 1일
6개월이나 지났는데 아직도 유충 상태야. 도대체 언제 번데기로 변하는 걸까?

10월 1일
드디어 번데기가 되었어! 번데기 시기는 장수풍뎅이 일생 중에서 가장 민감한 때라고 해서 보고만 있어.

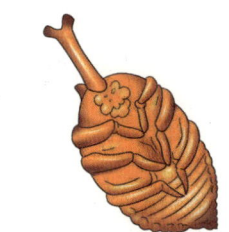

10월 25일
번데기의 색이 검붉은색으로 변했어. 아, 두근두근~!

10월 31일
번데기가 허물을 벗고 성충이 되었어! 긴 뿔이 멋진 장수풍뎅이야! 갓 성충이 된 장수풍뎅이는 톱밥 속에서 약 2주 동안 꼼짝 않고 있는대. 성충의 수명이 3~4개월뿐이라니 잘 해주어야겠어.

어떤 소라게를 키울까?

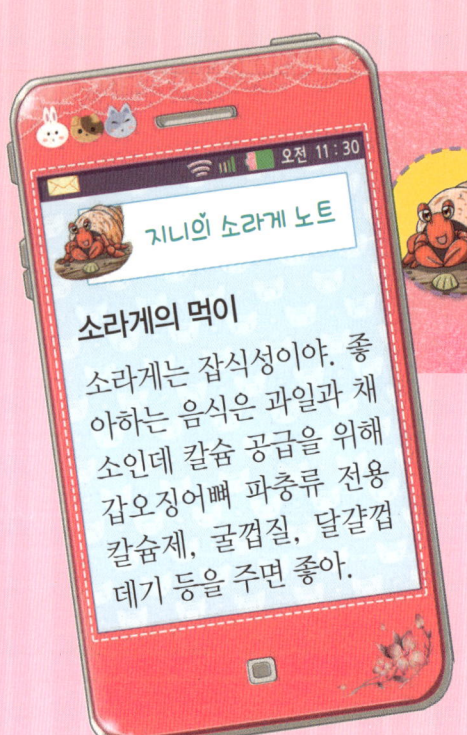

지니의 소라게 노트

소라게의 먹이

소라게는 잡식성이야. 좋아하는 음식은 과일과 채소인데 칼슘 공급을 위해 갑오징어뼈 파충류 전용 칼슘제, 굴껍질, 달걀껍데기 등을 주면 좋아.

딸기소라게

딸기처럼 전신이 붉은색에 흰색 반점들이 고르게 퍼져 있어서 딸기소라게라고 불려. 해수 공급이 매우 중요하고 다른 품종에 비해 따뜻하게 해주어야

하는 등 초보자들이 키우기에 까다로워. 하지만 예쁜 색상 때문에 많은 사랑을 받고 있어. '카로틴' 성분이 들어 있는 먹이를 섭취하지 못하면 점점 색이 빠질 수 있으니 당근을 먹이는 게 좋아. 낮에도 잘 돌아다니는 편이고 소리도 낼 수 있어.

피피소라게

집게가 자줏빛과 푸른빛을 띠어서 아름다워. 야행성으로 활동력은 떨어지지만 생명력이 길어. 육지 생활에 잘 적응된 소라게라서 초보 사육자들이 키우기 좋아.

러그소라게

다른 품종에 비해 몸집이 작아. 흰색, 갈색, 분홍색, 초록색, 검은색 등 발색이 다양해. 딸기소라게와 마찬가지로 해수 공급이 중요해.

인도소라게

성체가 되면 어른 주먹보다 더 커져. 육지 적응이 잘돼 초보 사육자들에게 어울려. 다리가 발달되었고 생명력도 강하지만 움직임은 적어.

바이오라센츠

붉은 더듬이와 각진 다리가 특징. 얼음땡을 좋아하여 한번 마음먹고 고동 속에 숨으면 한참을 움직이지 않는 습성이 있어. 활동할 때는 놀라운 속도로 더듬이를 움직이지.

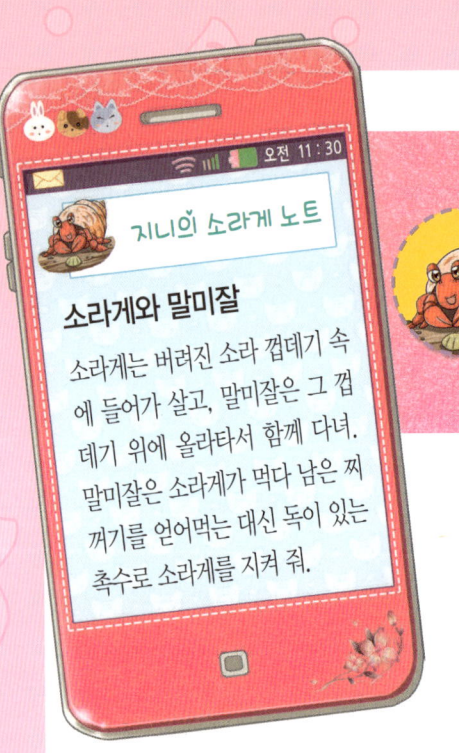

지니의 소라게 노트

소라게와 말미잘

소라게는 버려진 소라 껍데기 속에 들어가 살고, 말미잘은 그 껍데기 위에 올라타서 함께 다녀. 말미잘은 소라게가 먹다 남은 찌꺼기를 얻어먹는 대신 독이 있는 촉수로 소라게를 지켜 줘.

소라게 집 예쁘게 꾸미기

온도계와 습도계가 있는 사육장

소라게는 야행성이고 습한 곳에서 살아. 사육장이 너무 건조하면 스트레스나 싸움 등으로 다리가 잘리는 상처를 입을 수 있으므로 온도와 습도 유지에 신경을 써야 해. 사육장의 평균 온도는 20~26도, 습도는 50~70%가 적당해. 습기가 많으면 소라게가 불편해 하고, 너무 더우면 다리가 떨어져. 바닥은 뽀송뽀송, 벽은 축축하게!

빈 소라껍데기 여러 개

탈피를 하고 조금씩 커진 소라게는 자기가 들어가서 살았던 소라를 나와서 새로운 집을 찾아. 빈 소라 껍데기를 이리저리 살펴보다가 적당한 크기가 없으면 들어갔다가도 다시 나오므로 소라 껍데기 여러 개를 넣어 주도록! 소라게가 집을 나와서 돌아다니다가 몸이 건조해지면 무척 위험하거든.

산호모래

소라게는 땅을 파는 습성이 있어서 모래를 바닥에 깔아 줘야 해. 모래 알갱이가 크면 소라게가 파고들기 힘드니까 산호가 분해되어 만들어진 입자가 고운 산호모래를 쓰도록! 소라게 높이의 2~3배 정도의 깊이로 깔아 주고, 청소할 때는 깨끗이 씻어서 햇빛에 잘 말린 뒤 다시 넣어 주면 돼.

해수염을 녹인 물

해수염은 민물을 바닷물처럼 만들어 주기 위해 사용하는 소금이야. 소라게에게 필요한 여러 가지 영양분이 부족할 수 있어서 사람들이 먹는 소금을 사용하면 안 돼. 해수염을 녹인 물은 먹는 물과 따로 넣어 주는 게 좋아.

장난감

올라타는 것을 즐기는 소라게의 특성을 살려서 빈 화분과 돌멩이, 나무사다리 따위를 넣어 주면 훌륭한 놀이기구가 될 수 있어.

올망졸망~ 소라게 건강하게 키우기

소라게가 잘 먹지 않고 눈이
뿌옇게 되면 탈피하려는 것일 수 있어.
탈피는 어린 소라게의 경우 두 달에 한 번, 나이를
먹으면 1년~1년 반에 한 번씩 진행돼. 소라게가
한 달 넘게 모래 속에 들어가 있더라도 참고
기다려야 해. 기다리는 자에게 복이 있나니~!

소라게 관찰 일기

11월 1일

우리 집 소라게 식구는 모두 다섯 마리야.
소라게가 언제 우리 집에 왔나, 생각해 보니까
벌써 4년이나 되었어. 그동안 소라게도 많이 자라고,
나도 많이 자랐어~.ㅋㅋ
소라게는 모래 속에 굴을 파놓고 낮에는 잠만 자.
그래도 낮에 가끔 나와서 물통에 들어가 물을 마시고
목욕도 하는 모습을 보면 정말 사랑스러워.
저녁이 되면 소라껍데기 속에 쏙 들어가 있다가 슬금슬금
움직이기 시작해. 가장 잘하는 일은 산호 오르기야. 산호
를 넣어 줬더니 그 위를 엉금엉금 올라가는데, 보기만 해
도 귀여워.
소라게 식구들이 나랑 아주 오래 오래 살았으면 좋겠어.
그런데 이 녀석들, 몇 달 전에 소라껍데기를 6개 사 줬는
데 아직도 탈피를 안 해. 지금 쓰는 소라껍데기가 조금 깨
지기도 했는데 집이 마음에 들어서 그런 걸까? ㅠㅠ
얘들아~, 어서 새 집으로 이사 가렴!

껍데기는 둥글둥글 몸은 꼬물꼬물, 달팽이

어떤 달팽이를 키울까?

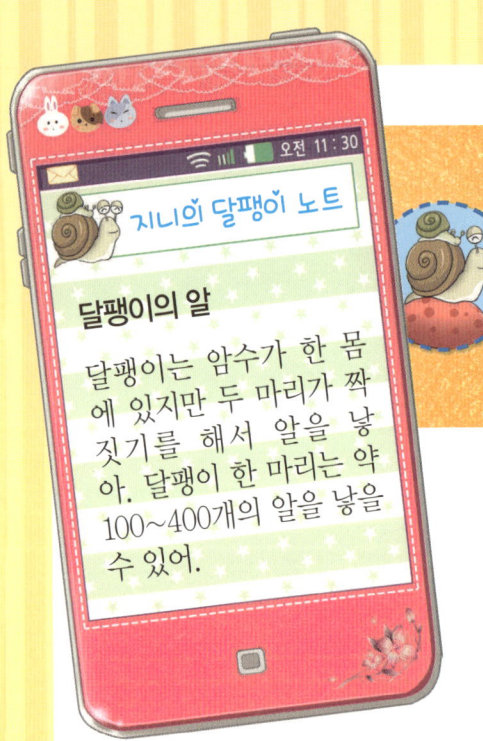

지니의 달팽이 노트

달팽이의 알

달팽이는 암수가 한 몸에 있지만 두 마리가 짝짓기를 해서 알을 낳아. 달팽이 한 마리는 약 100~400개의 알을 낳을 수 있어.

아프리카왕달팽이-금와달팽이

몸은 하얗거나 누렇고 껍데기는 황금색이야. 황금왕달팽이라고도 해.

아프리카왕달팽이-백와달팽이

아프리카왕달팽이는 섭씨 25~30도에서 자라고, 17도 아래로 내려가면 살 수 없어. 야행성으로 어두운 밤에 활동하고 빛이 있는 낮에는 잠을 자. 몸은 하얗거나 누렇고 껍데기는 갈색이야.

명주달팽이

비 오는 날 흔히 볼 수 있는 우리나라 달팽이야. 껍데기에 검은 점이 있고, 더듬이가 까만 게 특징. 심장이 뛰는 모습을 눈으로 볼 수도 있어.

아프리카왕달팽이-흑와달팽이

몸은 검정색이고 껍데기는 고동색이야.

 달팽이는 뭘 먹을까?

우린 잡식성이라 아무것이나 잘 먹어~!

채소류

당근, 오이, 호박 등 무엇이나 잘 먹어. 특히 상추처럼 부드러운 채소는 엄청 빨리 먹어 치우지.

알 껍데기 가루

집을 지고 다니는 달팽이에게 집의 손상은 치명적이야. 알을 낳은 후에는 껍데기가 부실해져서 구멍이 뚫리기도 해. 그래서 주기적으로 달걀 껍데기를 잘게 부수어서 먹이로 줘야 해. 달걀 껍데기 가루에는 칼슘이 많이 들어 있어서 달팽이의 껍데기가 단단해지거든. 음식물 쓰레기도 줄이고, 달팽이도 건강해질 수 있는 최고의 영양제지!

곡물류

감자, 옥수수, 고구마, 쌀, 보리, 밀 등을 잘게 으깨서 물로 반죽을 만들어. 그다음에 떡밥처럼 적당한 수분을 머금도록 넓게 펴서 주면 돼.

달팽이집 예쁘게 꾸미기

지니의 달팽이 노트

달팽이가 싫어 하는 것

♥ 햇볕에 오래 있는 것.
♥ 자주 건드리는 것.
♥ 물속에 오래 있는 것.
　(숨쉬기 힘들어. ㅠㅠ)
♥ 마른 톱밥(목이 말라. ㅠㅠ)
♥ 맵고 쓴맛

사육장

플라스틱 통에 구멍을 뚫어서 사육장으로 만들어. 구멍을 뚫으면 습도 조절에 도움이 돼. 처음 알에서 부화한 달팽이는 크기가 작으므로 구멍을 작게 뚫어 주고, 달팽이가 커가는 정도에 따라서 구멍을 넓혀 줘.

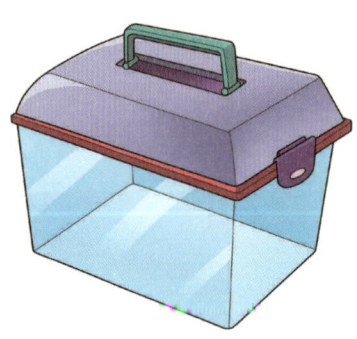

바닥재

사육장 안에는 톱밥이나 모래를 깔아 줘. 달팽이는 허파로 숨을 쉬기 때문에 물속에 오래 두면 질식하지만, 습기가 없으면 입구에 얇은 막을 치고 움직이지도 않아. 톱밥의 습도는 손으로 움켜쥐었을 때 물방울이 맺히는 정도면 괜찮아. 흙을 깔아 줄 경우에는 세균이 없고 물의 흡수율이 좋은 코코피트(코코넛 껍질을 잘게 분쇄한 것)나 압축 배양토를 사용해.

나뭇가지나 나뭇잎

숨기 좋아하는 달팽이이에게는 나뭇가지나 크고 넓은 잎이 필요해. 나뭇가지나 잎에서 놀기도 하고 몸을 숨기기도 해.

영차영차~ 달팽이 건강하게 키우기

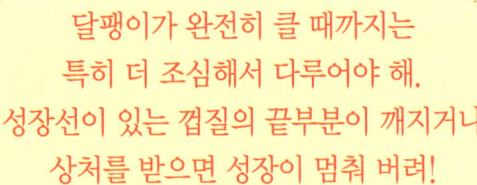

달팽이가 완전히 클 때까지는 특히 더 조심해서 다루어야 해. 성장선이 있는 껍질의 끝부분이 깨지거나 상처를 받으면 성장이 멈춰 버려!

 달팽이 관찰 일기

10월 25일

팽이, 핑이가 매일매일 쑥쑥 자라고 있어.
껍질은 밤알만한데 몸을 늘이면 10cm는 되는 것 같아.
달팽이도 이빨이 있는데 그 개수가 만 개도 넘는대!
그래서 그렇게 잘 먹나 봐.
사실, 달팽이들이 먹는 모습을 보면 나도 같이 먹고 싶어져.
사각사각 냠냠~! 꿀꺽꿀꺽, 먹이가 몸으로 넘어가는 모습이
다 보이는데, 어찌나 맛있게 먹는지!!
나도 달팽이처럼 많이 먹으면 쑥쑥 키가 클까?

이런 반려동물도 있어!

우파루파

멕시코도롱뇽이라고도 해. 몸길이 22~23cm이고, 아가미가 머리 양쪽으로 튀어나와 있어. 어린 모습 그대로 성숙해. 넓적하고 큰 머리에 지느러미 모양의 꼬리, 다리까지 있는 우파루파는 언제나 웃는 얼굴을 하고 있어.

사막여우

크기가 어른 팔뚝 정도밖에 안 되는 세계에서 가장 작은 여우야. 커다란 귀를 가지고 있는데, 이 귀로 몸의 열을 내보내고, 주위에 있는 먹잇감의 작은 소리도 들어 재빠르게 사냥을 해.

라쿤

꼬리가 오동통한 라쿤은 인디언 말로 '냄새를 찾는 손'이라는 뜻이야. 물건을 물에 담그는 습관 때문에 붙여진 이름이지. 야생에서는 물속에서 민감한 손가락을 이용해 먹이 사냥을 해.

친칠라

토끼와 쥐의 매력을 동시에
가진 친칠라! 모래 목욕을 아주 좋아하는
귀염둥이야. 단, 고산 지대에 살아서 더위에
약하기 때문에 온도 조절에 신경을 써야 해.
25도만 넘어도 생기가 없어지기 때문에
항상 시원하게 해 줄 것!

프레리도그

'초원의 개'라는 뜻의 프레리도그는
사람과 쉽게 친해지는 동물이야. 무리를 짓는
습성이 있어서 여러 마리를 키워도
서로 사이좋게 지내. '캉캉' 하고
큰 소리로 짖어서 동료들에게
위험을 알리지.

페럿

페럿은 족제빗과야.
함께 놀아 주는 것을 아주 좋아해서
장난기 가득한 표정으로 사람에게 다가와
놀아달라고 애교를 부려! 가정 사육용으로
개량된 동물이기 때문에
야생의 습성이 없어.

기니피그

'큐잉큐잉' 귀여운 소리를 내는
기니피그는 남미에서 굴을 파고
무리지어 사는 동물이야. 땅딸한 몸에
얼굴이 크고 다리는 짧아.
느릿느릿 점잖고 여유로운
동물이야.